Anne Braun (Hrsg.)

Weihnachtsgeschichten

ANNE BRAUN (HRSG.)

WEIHNACHTS-GESCHICHTEN

BENZIGER
EDITION

Die Deutsche Bibliothek – CIP-Einheitsaufnahme

Weihnachtsgeschichten / Anne Braun (Hrsg.)
- 3. Aufl. - Würzburg:
Benziger Ed. im Arena-Verlag, 1992
ISBN 3-401-07083-5

3. Auflage 1992
© 1991 by Benziger Edition im Arena Verlag GmbH, Würzburg
Alle Rechte vorbehalten
Herausgegeben von Anne Braun
Einband und Illustrationen von Petra Probst
Gesamtherstllung: Chemnitzer Verlag und Druck GmbH,
Werk Zwickau
ISBN 3-401-07083-5

INHALT

◆

1. KAPITEL

Von Nikoläusen und Tannenbäumen

2. KAPITEL

Stille Nacht, heilige Nacht

3. Kapitel

Morgen, Kinder, wird's was geben

4. Kapitel

Die Heiligen Drei Könige

1. KAPITEL

Von Nikoläusen und Tannenbäumen

Der doppelte Weihnachtsmann

Ich muß ungefähr sechs Jahre alt gewesen sein, als ich anfing, nicht mehr so recht an den Weihnachtsmann zu glauben.

»Gibt es den Weihnachtsmann eigentlich wirklich?« fragte ich Mama, als wir am Nachmittag gemütlich zusammensaßen und Weihnachtsschmuck bastelten.

»Du hast ihn doch oft gesehen«, sagte Mama. »Erinnerst du dich nicht an letztes Weihnachten, wie er hereinkam hier ins Zimmer, mit seinem langen Mantel und seinem weißen Bart? Wir haben doch zusammen Weihnachtslieder gesungen.«

»Jaja«, sagte ich. »Aber wieviel Weihnachtsmänner gibt es eigentlich?«

»Wie viele? Natürlich nur einen. *Den* Weihnachtsmann!« sagte sie.

»Und der kommt auch zum Klaus?« fragte ich weiter. Klaus war mein Freund. Er wohnte ein paar Häuser weiter.

»Ja, natürlich«, sagte Mama.

»Und zur Elke nach Paderborn auch?« Elke war vor zwei Monaten mit ihren Eltern nach Paderborn gezogen.

»Ja, zu Elke auch«, sagte Mama.

»Und zu den Kindern in München und in Hamburg?« fragte ich.

»Zu denen kommt er auch!«

»Wie kann er denn am gleichen Abend in München und in Hamburg und in Paderborn sein?« fragte ich.

»Wie er das kann, weiß ich auch nicht«, sagte Mama. »Er kann es halt. Dafür ist er eben der Weihnachtsmann. Als Weihnachtsmann kann er vielleicht an zwei Orten gleichzeitig sein.«

Damit waren meine Zweifel aber noch lange nicht verschwunden. Ich hatte sogar einen bestimmten Verdacht.

»Wieso ist Papa eigentlich nie dabei, wenn der Weihnachtsmann kommt?« fragte ich.

Mama tat erstaunt. »Ist er denn nie dabei?« fragte sie.

»Nein«, antwortete ich. »Jedesmal sagt er am Weihnachtsabend, er müsse noch was erledigen, und dann geht er weg. Und gleich darauf kommt dann der Weihnachtsmann. Und wenn der Weihnachtsmann mit dir und mir Lieder gesungen hat und wieder weggegangen ist, dann kommt Papa zurück und fragt uns, wie es denn gewesen sei mit dem Weihnachtsmann!«

»So ein Zufall!« sagte Mama. »Ich werde Papa sagen, daß er diesmal dableiben soll, wenn der Weihnachtsmann kommt.«

Als Papa am Abend nach Hause gekommen war, hörte ich die beiden in der Küche halblaut miteinander reden. Ich ging leise zur offenen Küchentür, um zuzuhören.

»*Du* kannst es jedenfalls nicht mehr machen«, sagte Mama gerade zu Papa. »Er hat etwas gemerkt.«

»Aber wer denn dann?« fragte Papa.

»Vielleicht Robert?« sagte Mama. »Wir haben Robert doch sowieso zu Weihnachten eingeladen. Da kann er ja . . .« In diesem Augenblick sah sie mich in der Tür stehen, brach mitten im Satz ab und sagte zu mir: »Du mußt jetzt mal in dein Zimmer gehen. Wir wollen gerade etwas Wichtiges besprechen. Etwas, das nur die Erwachsenen angeht.«

Damit schob sie mich in mein Zimmer, und ich konnte nicht erfahren, was die beiden wohl besprechen wollten.

Drei Tage später war Weihnachtsabend. Wir saßen im Eßzimmer und warteten auf den Weihnachtsmann. Und auf Onkel Robert. Onkel Robert war der Bruder von Papa. Er wollte dieses Weihnachten mit uns feiern.

»Wo Robert nur bleibt?« sagte Papa und schaute auf die Uhr. »Er wollte doch schon längst da sein.«

»Es schneit. Vielleicht kommt er mit dem Auto nicht durch«, sagte Mama.

»Hoffentlich hast du nicht recht«, meinte Papa und schaute wieder auf die Uhr.

Wir warteten eine Viertelstunde, eine halbe Stunde, und ich fragte alle fünf Minuten, wann denn der Weihnachtsmann käme. Aber er kam nicht. Und Onkel Robert auch nicht.

Papa wurde immer ungeduldiger. Plötzlich sprang er auf, ging aus dem Zimmer und rief uns im Hinausgehen zu: »Ich muß noch 'ne Kleinigkeit erledigen. Es dauert nicht lange, ich bin gleich wieder da!«

Ich fand es sehr schade, daß Papa gerade jetzt wegmußte. Ich hatte Sorge, der Weihnachtsmann könnte vielleicht wieder gerade dann kommen, wenn Papa weg wäre. Und wirklich: Papa war kaum fünf Minuten aus dem Zimmer, da klopfte es an die Tür, und der Weihnachtsmann kam herein.

Es war wie jedes Jahr: Erst fragte er mich, ob ich auch immer schön brav gewesen wäre. Dann sangen wir zusammen »Stille Nacht«, und dann gingen alle hinüber ins Weihnachtszimmer.

Nach einer Weile sagte Mama: »So, lieber Weihnachtsmann, jetzt hast du dir einen ordentlichen Schluck verdient, jetzt darfst du in die Küche gehen und was trinken!« Und der Weihnachtsmann ging in die Küche.

Kaum war der Weihnachtsmann hinter der Küchentür verschwunden, da hörten Mama und ich vom Flur her laute Schritte und Gepolter.

»Um Gottes willen!« rief Mama, irgendwie erschrocken.

»Nein, Robert . . .«

Da ging die Tür auf. Aber es war nicht Robert, der hereinkam, sondern der Weihnachtsmann. Weiß der Himmel, wie er es geschafft hatte, von der Küche aus in den Flur zu kommen! Vielleicht war er aus dem Küchenfenster gestiegen und zum Flurfenster wieder herein.

Er kam direkt auf mich zu. Ich war so damit beschäftigt, meine Geschenke auszupacken, daß ich ihn gar nicht weiter beachtete.

Schließlich hatten wir uns ja eben lange unterhalten und zusammen ein Lied gesungen!

»Na, willst du denn gar nicht aufstehen?« fragte der Weihnachtsmann mit tiefer Stimme und baute sich vor mir auf. Erstaunt stellte ich mich vor ihn hin.

»Nun, bist du denn auch immer brav gewesen?« fragte er und schaute mich streng an.

»Das hab ich dir gerade doch schon gesagt«, sagte ich erstaunt.

»Wann gerade?« fragte der Weihnachtsmann.

»Na eben«, sagte ich. »Bevor wir zusammen gesungen haben.«

»Wann sollen wir gesungen haben?« fragte der Weihnachtsmann ganz ratlos.

Ich wußte nicht, ob er wirklich so vergeßlich war oder ob er vielleicht einen Spaß machen wollte. Ich sagte mal überhaupt nichts.

»Was haben wir denn angeblich gesungen?« fragte der Weihnachtsmann weiter.

»Na, ›Stille Nacht, hei . . .‹ « So weit war ich gerade gekommen, da schaute ich zufällig zur Küchentür hinüber. Und da sah ich etwas so Verwunderliches, daß ich aufhörte zu reden und mit offenem Mund staunte. Mama hatte doch recht gehabt! Der Weihnachtsmann konnte wirklich an mehreren Orten gleichzeitig sein. Denn der Weihnachtsmann stand nicht nur vor mir, mit seinem langen Mantel und seinem weißen Bart, er stand auch gleichzeitig in der Küchentür, hatte ein Glas Wein in der Hand und schaute verblüfft zu uns ins Zimmer.

Als der Weihnachtsmann sich sah (oder muß man sagen: Als die Weihnachtsmänner einander sahen?), machten beide kehrt, gingen hastig aus dem Zimmer und klappten die Tür hinter sich zu.

Nach einer Weile kam Papa zurück. Und mit ihm Onkel Robert, der inzwischen auch eingetroffen war.

»Stellt euch vor, ich habe den Weihnachtsmann doppelt gesehen!« erzählte ich ihnen gleich aufgeregt.

Aber sie gingen gar nicht darauf ein, sondern meinten nur, es sei höchste Zeit, daß wir nach all diesen Aufregungen mit dem Weihnachtsabendessen begännen.

Was sie allerdings mit »Aufregungen« meinten, ist mir nie ganz klargeworden. Denn schließlich waren Papa und Onkel Robert ja gar nicht dabeigewesen, als *ich* diese aufregende Weihnachtsmannverdoppelung erlebte!

Paul Maar

Wie Joschi zu seinem
Meerschweinchen kam

Seit er sechs Jahre alt war, wünschte sich Joschi ein Meerschweinchen. Aber jedesmal, wenn er davon anfing, sagte seine Mutter: »Meerschweinchen stinken«, oder »Meerschweinchen gehören in den Kleintierzoo«, oder »Was soll das arme Tier in unserer Vierzimmerwohnung?« und lauter solche Sachen.

In diesem Jahr hatte Joschi sich geschworen, daß sein Wunsch endlich in Erfüllung gehen müsse.

»Wetten, daß ich zu Weihnachten ein Meerschweinchen kriege?« sagte er zu seinem Freund Karli. »Du wirst schon sehen . . .« Und dann schmiedete er einen Plan.

Endlich war es soweit. »Nur noch 24 Tage bis Weihnachten«, sagte seine Mutter. »Höchste Zeit, daß du deinen Wunschzettel aufs Fensterbrett legst, damit der Weihnachtsmann ihn abholen kann.«

Joschi nickte höflich, machte ein möglichst harmloses Gesicht und begann mit der Arbeit. *Lieber Weihnachtsmann,* schrieb er, *ich wünsche mir dringend ein Nilpferd.* Ordentlich legte er den Zettel draußen vors Fenster und wartete gespannt, wie es weitergehen würde.

Schon am nächsten Morgen konnte er feststellen, daß sein Plan sich bewährte.

Als er nämlich in aller Frühe das Fenster öffnete, um zu sehen, ob der Zettel abgeholt worden war, entdeckte er etwas höchst Merkwürdiges: *Du spinnst wohl!* hatte jemand in leuchtend roten Buchstaben auf einen Briefbogen geschrieben, der groß und deutlich die Unterschrift *Der Weihnachtsmann* trug.

Gut so! dachte Joschi. Dann nahm er den Brief an sich und schrieb einen neuen Zettel. *Und wie wär's mit 1 Krokodil? Es könnte in der Badewanne schwimmen.*

Auch diesmal klappte es vorzüglich. Ein neuer Weihnachtsbrief leuchtete ihm am Morgen entgegen. *Krokodil leider nicht lieferbar,* stand darauf, diesmal in grünen Buchstaben.

Noch besser, dachte Joschi, nahm den Brief an sich und schrieb den nächsten Zettel. *1 Känguruh-Pärchen* lautete sein Wunsch. *Beuteltiere führen wir nicht* hieß diesmal die Antwort.

Von nun an war alles ganz einfach. Joschi brauchte sich nur noch ein paar ungewöhnliche Tiere einfallen zu lassen, und schon lief alles wie am Schnürchen.

3 Hängebauchschweine schrieb er am nächsten Tag. *Blödsinn* hieß die Antwort. Und in diesem Stil ging es weiter. Zwölf volle Tage war er damit beschäftigt, neue Zettel zu schreiben und die Weihnachtsmann-Antwortbriefe einzusammeln. So lange dauerte es nämlich noch bis zum Heiligen Abend.

Die Reihenfolge, die Joschi sich errechnet hatte, war so:
12. Dezember: *1 Schimpanse.*
Antwort: *Und wer kauft die Bananen?*

13. Dezember: *1 Berber-Löwe.*

Antwort: *Schon mal was von menschenfressenden Raubtieren gehört?*

14. Dezember: *Dann 1 Tüpfelhyäne.*

Antwort: *Und wo soll sie schlafen?*

15. Dezember: *1 Merinoschaf.*

Antwort: *Selber Schaf!*

16. Dezember: *1 junger Pottwal.*

Antwort: *Wohl größenwahnsinnig geworden?*

17. Dezember: *1 Pythonschlange.*

Antwort: *Kriechtiere unerwünscht!*

18. Dezember: *1 Hausziege.*

Antwort: *Ziegenmilch schmeckt abscheulich!*

19. Dezember: *Erbitte dringend wenigstens 1 Bergzebra.*

Antwort: *Wo sind denn hier Berge?*

20. Dezember: *Aber 1 Dromedar würde sich bei uns bestimmt wohlfühlen.*

Antwort: *Warum nicht gleich ein Kamel?*

21. Dezember: *Einverstanden. Habe mich außerdem für 1 Giraffe entschieden.*

Am nächsten Tag endlich geschah das, was Joschi schon lange erwartet hatte. Auf dem Fensterbrett lag nämlich nicht nur die übliche kurze Antwort in roten oder grünen Buchstaben, sondern ein regelrechter Brief, hastig mit einem gewöhnlichen Tintenkuli geschrieben und fast eine halbe Seite lang:

Lieber Joschi, stand dort, *wie Du auf dem Kalender siehst, ist übermorgen Weihnachten. Da Du es bisher nicht geschafft hast, mir einen einzigen vernünftigen Wunsch aufzuschreiben, und da alle Tiere, die Du mir genannt hast, nicht in eine*

Wohnung passen, ersuche ich Dich hiermit, umgehend bescheidener zu werden und Dich auf eine kleinere Tiergattung zu beschränken.

Herzlichen Gruß. Der Weihnachtsmann.

Joschi wußte sofort, was er zu tun hatte. Hundertmal hatte er das Wort, das er jetzt niederschrieb, in Gedanken geübt. Er nahm den saubersten Zettel, den er finden konnte, und verfaßte den ordentlichsten Wunschzettel seit 22 Tagen:

Lieber Weihnachtsmann, schrieb er, *entschuldige bitte, daß ich so unbescheiden war. Ich sehe ein, daß ich zuviel von Dir verlangt habe, und schwöre, mich zu bessern. Darum wünsche ich mir nur noch ein winziges Meerschweinchen. Am liebsten so eins wie das vom Karli. Also weiß mit kleinen schwarzen Tupfern. Karli sagt, daß ein Meerschweinchen überhaupt keine Arbeit macht. Außerdem finde ich es so niedlich. Vielen Dank im voraus!*

Dein Joschi, Mühltalerstr. 7.

Am nächsten Tag schlich Joschi noch früher als sonst zum Fenster, weil er es vor Spannung nicht mehr erwarten konnte. Ob der Weihnachtsmann ihm auch darauf antworten würde? Diesmal aber war das Fensterbrett leer. Nur ein paar Schneeflocken konnte er entdecken, denn draußen hatte es angefangen zu schneien.

»Nun?« fragten seine Eltern, als er zum Frühstück kam. »Freust du dich schon auf morgen?«

»Und wie!« antwortete Joschi. Mehr brachte er nicht heraus vor Aufregung.

Dann endlich war er da, der große Tag.

24. Dezember stand auf dem Kalender über Joschis Bett. Joschi sah das Kalenderblatt eine Weile ganz genau an und dachte an sein Meerschweinchen. Ob der Weihnachtsmann endlich begriffen hatte?

Stunde um Stunde rückte der Augenblick näher, in dem sich alles entscheiden würde. Und dann war es soweit. Die Tür zum Weihnachtszimmer wurde geöffnet, und Joschi sah etwas, das schöner war als alle Christbaumkugeln und Weihnachtskerzen und Zimtsterne und Silbernüsse zusammen – nämlich ein winziges schwarz getupftes Meerschweinchen in einer Kiste unter dem Tannenbaum, das neugierig den Tannenduft schnupperte und fast so aussah wie das Meerschweinchen vom Karli.

»Hoffentlich stinkt es nicht«, sagte die Mutter.

»Immer noch besser als Dromedare und Giraffen«, sagte der Vater.

Aber Joschi hörte nicht, was sie sagten. Er war viel zu sehr damit beschäftigt, sein Meerschweinchen auf den Arm zu nehmen und eine Dankesrede an den Weihnachtsmann zu verfassen – in Gedanken natürlich. Daß auch ein kleiner Trick dabei gewesen war, wußte der Weihnachtsmann ja sowieso. Denn ein Weihnachtsmann weiß alles. Oder etwa nicht? »Ich nenne es *Trick*«, sagte Joschi, während das Meerschweinchen leise quiekte. Fast klang es, als ob es kicherte.

Roswitha Fröhlich

Als die Großmutter mit dem Nikolaus sprach

Ich erzähle eine wahre Geschichte aus meiner Kinderzeit; vom Nikolaus und von der Großmutter.

Die Großmutter war klein und zart, und sie kam mir uralt vor. Das lag nicht an ihren Runzeln oder ihrem Haar mit den weißen Strähnen. Es waren die Kleider, die sie trug: immer dunkel und ganz altmodisch geschnitten. Sie hatte auch stets eine schwarze Schürze umgebunden, sogar sonntags. Die Schürze vom Sonntag war aus Seide, und sie knisterte.

Jedes Jahr Anfang Dezember kam die Großmutter angereist. Sie blieb den Winter über bei uns in der Stadt. Wenn Großmutter kam, begann für mich die Weihnachtszeit. An den dämmrigen Winternachmittagen hockten wir zusammen im Wohnzimmer vor dem Kachelofen. Der Kachelofen war groß und grün und gemütlich warm. In den anderen Zimmern standen nur eiserne Öfen, die wurden nicht immer geheizt.

Der Kachelofen hatte ein Türchen, hinter dem sich eine Nische mit einer kleinen Eisenplatte befand. Auf dieser Platte konnten wir Äpfel braten. Während sie schmorten und ihr Duft durchs Zimmer zog, las mir die Großmutter vor. Wir bastelten auch Weihnachtsgeschenke zusammen.

Unser Lieblingsspiel aber war: »Wir reisen nach Bethlehem«. Das spielten wir jedes Jahr. Es ging über viele Tage, vielleicht sogar Wochen, und hat die ganze Wohnung auf den Kopf gestellt.

Wenn wir die Ausrüstung für die Reise zusammensuchten, war nichts vor uns sicher. Wir brauchten Bettücher für unsere Zelte – denn wo sollten wir auf der langen Reise ins Heilige Land sonst schlafen? Wir brauchten Kisten und Kartons, aus denen wir uns ein Schiff bauen wollten – wie sollten wir sonst das Mittelmeer überqueren? Wir brauchten Stühle und Decken, um Lasttiere zu machen, auf denen wir reiten konnten und die unser Gepäck trugen.

In dieser Zeit vermißte mein Vater ständig etwas: seinen Hammer, die Zange, Nägel oder die Rolle mit dem Bindfaden. Einmal behauptete er, jetzt sei sogar ein Fahrradschlauch verschwunden. Das stimmte. Den brauchten wir nämlich dringend für unseren Wasservorrat. Unser Weg führte ja durch die Wüste, und dort müssen die Reisenden bekanntlich verdursten, wenn sie nicht genug Wasser haben.

Es wurde jedesmal eine lange Fahrt mit vielen Abenteuern. Auf dem Landweg hatten wir Kämpfe mit Räubern und wilden Tieren zu bestehen. Auf dem Meer kamen wir in Stürme, bei denen unser Schiff beinahe unterging. Einmal habe ich die Großmutter gerade noch im letzten Augenblick am Rock festgehalten, sonst wäre sie über Bord gespült worden. Aber wir kamen jedesmal wohlbehalten in Bethlehem an. Und wie durch ein Wunder immer genau am 24. Dezember!

Auch sonst geschahen geheimnisvolle Dinge, wenn die Großmutter bei uns war. Einmal, als ich ins Bett gehen wollte, fand ich Goldstaub auf meinem Kopfkissen. Goldstaub! Woher kommt denn Goldstaub? Doch nur von einem Engelsflügel! Es mußte also ein Engel über mein Bett geflogen sein.

Als ich die Großmutter danach fragte, lächelte sie, aber sie gab keine Antwort.

Dann, eines Morgens, hing ein Stern an einem durchsichtigen Faden von der Decke herab. Niemand wußte, wer ihn aufgehängt hatte. Auch wie die winzige Krippe in der Nußschale zwischen meine Buntstifte geraten war, konnte keiner erklären.

Das Wunderbarste aber war Großmutters Bekanntschaft mit dem heiligen Nikolaus. Sie kannte ihn wirklich. Das weiß ich genau. Ich habe selbst erlebt, wie er mit ihr sprach, damals im Stadtpark.

Ich habe schon gesagt, daß die Großmutter altmodisch war. Aber nicht nur altmodisch in ihrer Kleidung, auch sonst. Sie redete oft von den Zeiten, in denen alles knapp gewesen war, und sie fand, die Leute sollten sparsamer mit dem Geld und den Sachen umgehen. Großmutter tat das. Deshalb wollte sie auch den dürren Ast mitnehmen, der im Stadtpark auf dem Weg lag.

»Der ist noch gut für den Ofen«, sagte sie. »Heb ihn bitte auf!«

Aber ich wollte nicht. »Nein!« sagte ich. Und als sie versuchte, den Ast selbst aufzuheben, zog ich sie fort. »Wir schleppen kein Holz nach Hause. Bei uns wird das geliefert.«

Damals wußte ich nicht, warum ich so patzig mit der Großmutter sprach. Aber jetzt glaube ich, es war wegen der

Leute, die vorübergingen. Die sollten nicht denken, wir müßten unser Holz selber sammeln.

Die Großmutter zögerte. Ich merkte ihr an, daß sie nicht wußte, was sie jetzt tun sollte.

Plötzlich stand ein alter Mann vor uns. Wie hergezaubert stand er da. Groß und sehr würdig, mit einem weißen Bart und blitzenden Augen.

Der Fremde bückte sich, hob das Holz auf und reichte es der Großmutter.

»Bitte sehr, meine verehrte gnädige Frau«, sagte er mit einer leichten Verbeugung. Seine Stimme klang tief und voll.

Mich durchzuckte es, als wäre ein Blitz in mich hineingefahren. Diese Stimme! Diese Augen! Dieser lange weiße Bart. Das konnte nur – das war bestimmt ... Ich wagte nicht weiterzudenken.

»Meine verehrte gnädige Frau«, hatte er zur Großmutter gesagt. Er hatte sich vor ihr verbeugt, und die Großmutter hatte ihn angelächelt und ihm gedankt.

Und dann war er verschwunden. Genauso plötzlich, wie er gekommen war.

Auf dem Heimweg brachte ich kein Wort heraus. Ich stolperte über Bordsteine und Kanaldeckel, und in mir war alles durcheinander. – Jetzt hat er's gesehen, dachte ich. Jetzt weiß er, wie ich manchmal bin.

Die Großmutter ging still neben mir her. Der dürre Ast schleifte auf dem Boden. Unter der Haustür hielt ich's nicht mehr aus. Ich drückte mein Gesicht in Großmutters Mantelfalten und heulte los.

Die Großmutter ließ mich heulen. Sie tat nichts, um mich zu trösten, und ich dachte: Jetzt wird sie immer und ewig böse auf mich sein, und dieser . . . dieser fremde Mann im Park auch.

Aber dann merkte ich, daß sie sich zu mir herunterbeugte. Ich spürte ihren warmen Atem in meinem Haar, und ich hörte, daß sie ganz leise zu mir sprach. Was sie sagte, verstand ich nicht, weil ich noch immer heftig schluchzen mußte. Ich konnte gar nicht aufhören.

Da schob Großmutter mich ein wenig von sich und fragte: »Willst du ihn vielleicht hinauftragen? Er ist mir fast zu schwer.«

Ich wußte natürlich sofort, daß sie den Ast meinte, und einen Augenblick hielt ich die Luft an. Dann kramte ich ein Taschentuch hervor und schneuzte die Tränen aus der Nase.

»Gib her!« sagte ich, packte den dürren Ast und polterte damit die Treppe hinauf.

Wir warfen ihn gleich in den Kachelofen, und ich hörte, wie er knackte und knisterte.

Ob er weiß, daß ich ihn hochgetragen hab? überlegte ich. Die Großmutter nickte mir zu und lachte. Da wußte ich, daß alles wieder gut war, und ich war sehr zufrieden.

Tilde Michels

Die Geschichte vom beschenkten Nikolaus

Einmal kam der heilige Nikolaus am 6. Dezember zum kleinen Klaus. Er fragte ihn: »Bist du im letzten Jahr auch brav gewesen?«

Klaus antwortete: »Ja, fast immer.«

Der Nikolaus fragte: »Kannst du mir auch ein schönes Gedicht aufsagen?«

»Ja«, sagte Klaus.

> »Lieber, guter Nikolaus,
> du bist jetzt bei mir zu Haus,
> bitte leer die Taschen aus,
> dann lass' ich dich wieder raus.«

Der Nikolaus sagte: »Das hast du schön gemacht.«

Er schenkte Klaus Äpfel, Nüsse, Mandarinen und Plätzchen.

»Danke«, sagte Klaus.

»Auf Wiedersehen«, sagte der Nikolaus. Er drehte sich um und wollte gehen.

»Halt«, rief Klaus.

Der Nikolaus schaute sich erstaunt um: »Was ist?« fragte er.

Da sagte Klaus: »Und was ist mit dir? Warst du im letzten Jahr auch brav?«

»So ziemlich«, antwortete der Nikolaus.

Da fragte Klaus: »Kannst du mir auch ein schönes Gedicht aufsagen?«

»Ja«, sagte der Nikolaus.

>   »Liebes, gutes, braves Kind,
>   draußen geht ein kalter Wind,
>   koch mir einen Tee geschwind,
>   daß ich gut nach Hause find'.«

»Wird gemacht«, sagte Klaus.

Er kochte dem Nikolaus einen heißen Tee.

Der Nikolaus schlürfte ihn und aß dazu Plätzchen. Da wurde ihm schön warm. Als er fertig war, stand er auf und ging zur Türe. »Danke für den Tee«, sagte er freundlich.

»Bitte, gerne geschehen«, sagte Klaus. »Und komm auch nächstes Jahr vorbei, dann beschenken wir uns wieder.«

»Natürlich, kleiner Nikolaus«, sagte der große Nikolaus und ging hinaus in die kalte Nacht.

Alfons Schweiggert

Der lebendige Weihnachtsbaum

Es war ein frostiger Tag, und ein durchfrorener Vater suchte einen Weihnachtsbaum. Aber im Wald war nichts mehr zu finden. Jetzt stand er da im Frost und ohne Weihnachtsbaum.

Da kam ein Hirsch auf ihn zu und sagte mit Menschenstimme: »Ich weiß, du suchst einen Weihnachtsbaum, und ich will schon immer einer werden. Schau, mein Geweih. Es ist mit Moos überwachsen, es glitzert und riecht nach Tannennadeln.«

Und es roch wirklich nach Tannennadeln.

»Komm doch mit«, sagte der Vater. »Aber du darfst nichts verraten.«

»Ist doch klar«, sagte der Hirsch. »Nur möchte ich, daß der Stern auf der Spitze ganz golden ist, und viele farbige Kugeln möchte ich auch.«

»Kann ich auf dir auch Kerzen anzünden?« fragte der Vater.

»Ja«, sagte der Hirsch, »aber bitte vorsichtig mit Engelshaar.«

So nahm der Vater den Hirsch mit nach Hause und schmückte ihn ganz geheim, aber geschmackvoll. »Röhren darfst du nicht«, sagte der Vater, »als Weihnachtsbaum mußt du deine Schnauze halten.«

»Welcher Weihnachtsbaum röhrt schon?« fragte der Hirsch entrüstet.

Die Kinder waren begeistert und riefen: »Also so ein Weihnachtsbaum! Der ist einmalig!«

»Der ist wirklich einmalig«, sagte der Vater und zwinkerte zum Hirsch. Der Hirsch zwinkerte zurück.

Später am Abend hörte man auf einmal vor dem Fenster ein leises Röhren. Da wurde der Weihnachtsbaum unruhig, und dann röhrte er auch.

Die Kinder sagten: »Papi, der Weihnachtsbaum röhrt.«

»Was einem heutzutage alles als Weihnachtsbaum verkauft wird«, sagte der Vater. »Unglaublich.«

Da sagte der Weihnachtsbaum: »Entschuldigt bitte, aber mein bester Freund ist da.« Und er röhrte ganz wehmütig.

Dann ging er hinaus in die weiße Sternennacht. Die Kinder liefen ihm nach, weil ihnen der Weihnachtsbaum so gefiel.

Und der Weihnachtsbaum sagte: »Kommt mit in den Wald, wo die Tiere feiern. Die brauchen auch einen Weihnachtsbaum.«

Und die Kinder gingen hinter den beiden Hirschen her bis zur Lichtung. Da waren viele Tiere versammelt, die sich über den Weihnachtsbaum freuten. Der Weihnachtsbaum röhrte ein Lied, und die Tiere summten mit. Und als Bescherung bekam jedes Tier eine goldene Nuß vom Weihnachtsbaum und einen Zimtstern.

Und das Licht auf der Lichtung war bläulich.

Ludwig Askenazy

Der Weihnachtsbaum

Es war Heiligabend, und der Weihnachtsbaum stand fertig geschmückt für die Feiertage da. Aber kaum waren alle zu Bett gegangen, als die Spielsachen, die am Baum hingen, miteinander zu reden und zu tuscheln begannen.

»Es wäre doch ein rechter Spaß«, sagten sie, »wenn wir alle heruntersteigen und uns verstecken würden.«

Sie kletterten also alle vom Baum herunter und ließen ihn ganz kahl zurück und versteckten sich – einige hinter den Schränken, und einige hinter den Heizröhren, und einige hinter den Büchern auf den Regalen im Wohnzimmer und wo es ihnen sonst noch einfiel.

Am ersten Feiertag kamen die Kinder herunter und wünschten einander fröhliche Weihnachten: aber als sie ihren entzückenden Baum ganz kahl dastehen sahen mit nicht einmal einem einzigen Knallbonbon mehr daran, da weinten und weinten sie heiße Tränen.

Als sie die Kinder weinen hörten, schämten sich die Spielsachen gehörig wegen des unartigen Streichs, den sie ihnen gespielt hatten: trotzdem aber mochten sie nicht recht aus ihren Verstecken hervorkommen, während jemand herumstand. Sie warteten also, bis alle in die Kirche gegangen waren, und dann schlüpften sie hervor.

»Ich weiß!« sagte die Arche Noah und sprach mit all ihren Stimmen zugleich, »ich hab' eine Idee!«

Sie führte also die andern Spielsachen zum Haus hinaus und in die Stadt, und da trennten sie sich und suchten sich ihren Weg durch die Hintertür in jeden Spielzeugladen und in jeden Süßigkeitsladen. Einmal drinnen, luden sie alle Spielsachen und alle Süßigkeiten zu einer großen Gesellschaft ein, die sie gäben, und führten sie zurück zum Haus.

»Hier ist es, wo wir unsere Gesellschaft geben«, sagten sie und zeigten auf den Weihnachtsbaum. So kletterten denn alle die neuen Spielsachen zu den Zweigen des Baums hinauf und hängten sich dran. Es war wahrhaftig kaum genug Platz für sie alle, denn es waren nun zehnmal soviel da als vorher.

Die ganze Zeit in der Kirche hatten die Kinder still hinter ihren Gesangbüchern in sich hinein geweint und waren noch immer ziemlich traurig, als sie nach Haus kamen.

Aber als sie ihren Weihnachtsbaum erblickten mit zehnmal soviel Geschenken daran, als vorher dagewesen waren, und mit zehnmal soviel Kerzen, die einander lieblich anstrahlten, da lachten sie und klatschten in die Hände und jauchzten vor Freude und sagten, in ihrem ganzen Leben hätten sie noch niemals einen so bezaubernden Weihnachtsbaum gesehen!

Richard Hughes

Der kleinste Tannenbaum

Der Mann, der immer zu spät kam, dachte auch zu spät an Weihnachten. Als er nämlich in die Stadt fuhr, um für sich, seine Frau und seine Kinder einen Tannenbaum zu kaufen, waren alle, fast alle Tannenbäume ausverkauft. Nur einen ganz winzigen fand er noch und kaufte ihn.

Das Bäumchen steckte in einem Blumentopf. Bei genauerem Hinsehen merkte der Mann, der immer zu spät kam, daß es gar kein Baum war, sondern Äste, die mit Draht so zusammengebunden waren, daß sie wie ein kleiner Baum aussahen.

Auch die Wachskerzen waren nur mit Draht an den Ästen festgebunden.

Der Mann setzte sich auf die nächste Bank und überlegte hin und her: »Ist das nun ein Tannenbaum oder nicht?«

Je dunkler es wurde, desto eher sah das Gebilde im Blumentopf wirklich wie ein Tannenbaum aus. Da beschloß der Mann, nach Hause zu fahren.

Er kam zum Parkhaus, in dem er seinen Wagen abgestellt hatte. Die große schwere Eisentür des Parkhauses aber war fest verschlossen. Alles war dunkel, kein Mensch zu sehen.

Der Mann, der immer zu spät kam, war auch diesmal zu spät gekommen.

Er klopfte wie wild an die dicke Tür. Sein Klopfen hallte im Innern wider. Nach einiger Zeit – er gab das Klopfen nicht auf – hörte er Schritte, die näher kamen.

»Wir haben uns doch erst in einer halben Stunde verabredet. Du bist zu früh. Geh noch ein bißchen spazieren.«

»Du bist zu früh, du bist zu früh, du bist zu früh« – das hatte er noch nie gehört, und wer hatte das gesagt? Der Mann, der immer zu spät kam, zerbrach sich den Kopf, was dies alles zu bedeuten hätte. Er freute sich, daß er zu früh war. Er wollte eine halbe Stunde warten.

Aber die halbe Stunde schien ihm wie eine Ewigkeit. Immer schaute er auf den Kirchturm – die halbe Stunde wollte nicht vergehen. Immer noch war es zu früh für den Mann, der immer zu spät kam.

Endlich öffnete sich die eiserne Tür einen Spalt weit. Ein bärtiger verwahrloster Mann blickte ihn mit entsetzten Augen an: »Ja, was willst du denn hier? Ich warte auf einen andern.«

»Und ich möchte mein Auto holen«, entgegnete der Mann, der immer zu spät kam; sein Gesicht war ganz unglücklich dabei. »Ich muß doch nach Hause mit meinem Tannenbaum!«

»Ich lass' dich raus, aber du darfst niemandem verraten, daß ich hier wohne«, antwortete der Bärtige, mit einem mitleidigen Blick auf den Blumentopf-Tannenbaum.«

Zusammen, beim Schein der Taschenlampe, schlichen sie die vielen Windungen des Parkhauses hinunter bis zum kleinen roten Auto des Mannes, der immer zu spät kam. Ganz nahe dabei, zu allerunterst, brannten in einer Nische ein paar Kerzen an einem kleinen Christbaum, einem richtigen Tannenbaum. Eine alte Matratze mit ein paar Decken, ein alter Koffer lagen daneben.

»Also, fahr schon raus, aber leise und ohne Licht! Und niemand soll von mir erfahren, verstanden?« Das klang fast drohend.

Leise öffnete sich das Eisentor vor dem Mann, der immer zu spät kam, und leise schloß es sich wieder hinter seinem kleinen roten Auto. Kurz darauf schaltete er das Licht ein. Er fuhr so schnell, wie er noch nie gefahren war, und sagte sich: »Vielleicht bin ich jetzt nicht mehr der Mann, der immer zu spät kommt?«

Seine Kinder freuten sich über den Tannenbaum. Sie fanden ihn süß und merkten nicht, daß es gar kein richtiger Baum war. Die kleinen Kerzchen brannten; die Kinder sangen.

Die Frau aber sah plötzlich, daß der Mann, der immer zu spät kam, still vor sich hin lachte. Als das Lied zu Ende war, sagte der Mann leise, aber doch so, daß alle es hörten: »Ich bin jetzt nicht mehr der Mann, der immer zu spät kommt.«

Tatsächlich kam dieser Mann von jetzt an oft zu früh, häufig richtig und selten auch zu spät.

Im nächsten Jahr kaufte er genau eine Woche vor Weihnachten einen Tannenbaum und holte sein kleines rotes Auto früh aus dem Parkhaus. Von dem merkwürdigen bärtigen Mann war nichts zu sehen.

Regine Schindler

Weihnachten in Santo Amaró

Das kleine Mädchen Gabila hüpfte über die Veranda und sang: »Fiderallalla! Weihnachten ist nah!«

Peter, der Junge aus der Nachbarschaft, machte ein mürrisches Gesicht. Trotzdem bat er: »Sing es noch einmal.«

»Fiderallalla! Nun ist Weihnachten bald da!«

»Beim ersten Mal hast du es anders gesungen«, stellte der Junge fest.

»Puh! Deine Ohren!« neckte das Mädchen den Spielkameraden. Gabila zwitscherte: »Tirili! Tirila! Bald ist Weihnachten da!«

Peter verzog den Mund und wandte sich ab. Das Mädchen packte ihn an der Schulter und fragte: »Freust du dich denn kein bißchen?«

»Worauf?«

»Auf Weihnachten! Ich freue mich jedes Jahr zweimal. Einmal darauf, daß es Weihnachten wird. Und dann erst recht, wenn es endlich Weihnachten ist.«

Der Junge nickte vor sich hin. »Früher habe ich mich auch auf Weihnachten gefreut. Aber hier in Santo Amaró? Hier kann es überhaupt nicht Weihnachten werden.«

Das Mädchen blickte ihn verständnislos an.

»Sind deine Eltern nicht zu Hause?« fragte es den Jungen. »Kommen keine Verwandten zu Besuch?«

»Doch.«

»Was hast du dir zu Weihnachten gewünscht?«

»Eine riesengroße elektrische Eisenbahn.«

»Du warst nicht immer brav, und nun fürchtest du, daß du die Eisenbahn nicht bekommst?«

»Doch, die Eisenbahn ist sicher. Das weiß ich ganz bestimmt.«

»Dann ist es mir einfach ein Rätsel«, wunderte sich Gabila, »daß du dich nicht freuen kannst.«

Nach einer Pause seufzte Peter: »Ach ja. Es ist, weil ihr hier keinen Winter habt. In Europa wird es um Weihnachten herum kälter und kälter. Weißer Schnee fällt vom Himmel. Und wir hatten einen Tannenbaum . . .«

»Oho«, unterbrach ihn das Mädchen. »Gibt es einen schöneren Weihnachtsbaum als unseren Pinheiro?«

»Aber es ist so heiß, so heiß«, klagte der Junge und zog an seiner Hemdbluse, die ihm am Körper klebte. »Und bis Weihnachten soll es noch heißer werden.«

»In Santo Amaró, in Brasilien, ist eben alles anders«, belehrte ihn Gabila. »Weißt du, was ich an deiner Stelle tun würde? Tausche die elektrische Eisenbahn gegen ein Flugzeug und fliege nach Europa zurück!«

Sagte es und ließ den verdutzten Nachbarsjungen stehen. Sie war ein wenig verärgert. Aber dann tat ihr Peter leid. Vor dem Holzschuppen traf sie auf Pablo, das alte Faktotum. Der Knecht zersägte Eukalyptusstämme und spaltete Klötze.

»Schon zurück?« wunderte sich der Indio.

»Pedro ist unglücklich«, sagte Gabila mit trauriger Stimme. »Er kann sich nicht auf Weihnachten freuen.« Und sie erzählte ihm von Peters Kummer, vom Schnee und vom Tannenbaum.

Pablo spuckte in die Hände, schwang die Axt und sagte: »Alle Kinder freuen sich auf Weihnachten. Warum soll Pedro nicht glücklich sein?«

Gabila vertraute auf Pablo. Der Alte verstand sich auf mancherlei Zauberkünste. Freilich, gegen die Hitze war auch er machtlos. Aber vielleicht konnte er eine europäische Tanne herbeizaubern?

Pablo zwinkerte dem Mädchen zu: »Laß mich nur machen.«

Gabilas und Peters Eltern waren übereingekommen, den Weihnachtsabend gemeinsam zu feiern. Am Nachmittag des Heiligen Abends machte sich Pablo in Peters Haus zu schaffen. Auf der Veranda baute er einen riesigen Pinheirobaum auf und schmückte ihn mit bunten Kugeln, Papiervögeln und Sternen aus Stroh. Mit Girlanden aus Silberfäden, Glocken und farbigen Glühbirnen bekränzte er die grünen Nadelzweige.

Als dann am Abend zur Bescherung geklingelt wurde und die Kinder auf die Veranda treten durften, stieß Gabila Rufe des Entzückens aus.

Die Eltern staunten und sagten, solch einen herrlichen Weihnachtsbaum hätten sie zeitlebens nicht gesehen. Und selbst Peter starrte gebannt auf den leuchtenden Wunderbaum und vergaß darüber die kleine Tanne vom letzten Jahr.

Während seine Blicke noch an den glühenden Lampions hingen, ertönte die monotone Weise einer Indioflöte.

An den Treppenstufen war ein Hirte erschienen, mit einem richtigen Eselchen und einem Öchslein.

Der Hirte Pablo hörte auf zu pfeifen. Er schüttelte sich, zitterte und erschauerte in seinem Poncho und sprach: »Es ist so kalt, es ist so kalt im Winterwald.« Und dabei glänzten Schweißtropfen auf seiner Stirn.

Er fuhr fort: »In dulci jubilo! Nun singet und seid froh: das Jesuskind ist uns geboren heute!«

Peter suchte Gabila, die eben noch neben ihm gestanden hatte.

»Es schneit!« rief der Junge.

Tausende von Schneeflocken aus weißen Papierschnippelchen rieselten aus der Höhe auf den strahlenden Weihnachtsbaum nieder.

»Schnee! Schnee!« jubelte Peter.

Aus dem Fenster hoch über dem Pinheirobaum streute Gabila unentwegt Schnippelchen hinunter. Dazu hörte man die helle Stimme des Mädchens: »Tirili! Tirila! Nun ist Weihnachten da!«

Heinrich Maria Denneborg

2. KAPITEL

◆

Stille Nacht, heilige Nacht

Ein Kind wird geboren

Es begab sich aber zu der Zeit, daß ein Gebot von dem Kaiser Augustus ausging, daß alle Welt geschätzt würde. Und diese Schätzung war die allererste und geschah zur Zeit, da Cyrenius Landpfleger in Syrien war. Und jedermann ging, daß er sich schätzen ließe, ein jeglicher in seine Stadt. Da machte sich auf auch Joseph von Galiläa, aus der Stadt Nazaret, in das jüdische Land zur Stadt Davids, die da heißt Betlehem, weil er aus dem Hause und Geschlechte Davids war, auf daß er sich schätzen ließe mit Maria, seinem vertrauten Weibe, die war schwanger. Und als sie daselbst waren, kam die Zeit, daß sie gebären sollte. Und sie gebar ihren ersten Sohn und wickelte ihn in Windeln und legte ihn in eine Krippe; denn sie hatten sonst keinen Raum in der Herberge.

Lukas 2, 1-7

Das Märchen von der Geburt
des Christkindes

Der Winter war streng, und es fror, daß die Dachschindeln krachten. Die Leute waren froh, daß sie am warmen Ofen saßen, und niemand steckte die Nase hinaus, wenn er nicht mußte. Unter dem stillen Himmel krächzten nur die hungrigen Krähen.

Es war bereits spät am Nachmittag. Den glattgefrorenen Weg hinunter eilten zwei Leute. Sie wollten noch bei Tageslicht das nächste Dorf erreichen und sich dort eine warme Ecke zum Schlafen erbitten. Die beiden Leute, liebe Freunde, waren der Ziehvater Josef und die Jungfrau Maria. All ihre Habe befand sich in dem Bündel, das der Ziehvater Josef trug.

Als sie am Dorfplatz angelangt waren, fragte Josef ein altes Mütterchen, wo der Bürgermeister wohnte. Das Mütterchen zeigte ihm das größte Gut, und bald stand Josef in einer gemütlichen Stube und bat den Bürgermeister um eine noch so enge Schlafstätte. Der Bürgermeister Bartak war ein gutmütiger Mensch. Er bereute, daß er im Haus kein Eckchen frei hatte und bot Josef an, in einem warmen Stall am Ende des Dorfes zu übernachten. Josef bedankte sich erfreut bei dem Bürgermeister und eilte mit Maria hin, um nach dem mühsamen Weg auszuruhen. Bald schlief das ganze kleine Dorf, und nur der alte Nachtwächter Nusslein ging herum mit einer großen Trompete, die in der Nachtstille die Zeit maß.

Als er Mitternacht geblasen hatte, und sich mal in seinem lieben Häuschen erwärmen wollte, sah er auf einmal über dem Dorf ein großes Licht. Er rannte, was seine alten Beine konnten, um zu schauen, wo das seltsame Licht herkam. Mit unnötigem Alarmblasen wollte er ja das Dörfchen nicht aufwecken, wo es vielleicht kein Feuer war. Hinter des Bürgermeisters Garten ist der gute Alte beinahe auf die Knie gefallen, als er über dem Schafstall einen großen Stern strahlen sah.

Der Nachtwächter war ein bekannter, begeisterter Leser und hatte am liebsten alte Chroniken, in denen man lesen konnte, was je in der Welt geschehen war und welche Prophezeiungen sich noch erfüllen sollten. Er wußte wohl, daß der große Stern ein Zeichen war, daß das Christkind, der Erlöser der Welt, geboren war. Und nun stand der Stern strahlend über einem gewöhnlichen alten Stall, der da einsam mitten in den Feldern am Ende eines armen Dorfes lag.

Seine alten Knie zitterten vor Aufregung, aber er hatte noch Kraft genug, umzukehren und ins Dorf zu laufen, um den Gemeindehirten zu wecken. Er erinnerte sich nämlich an eine alte Prophezeiung aus einer Chronik, die besagte, daß die Geburt des Christkindes der Welt durch Singen und Hirtentrompeten bekanntgegeben werden sollte. Seine Überraschung war groß, als er auf dem Dorfplatz angekommen war und den Gemeindehirten bereits angekleidet da fand, wie er sich mitten auf dem Dorfplatz aufstellte, die

Trompete an den Mund legte und die schönsten Weihnachtslieder, die er konnte, blies.

Der Vollmond schien lieblich, und fröhliche Melodien tönten in der stillen Winternacht. »Was ist geschehen?« fragte sich das überraschte Dorf, und bald kamen aus verschneiten Höfen und Häuschen Onkels und Tanten gerannt und fragten mit zitternden Stimmen den Gemeindehirten aus.

Und als der Gemeindehirt mit ernster und feierlicher Stimme den staunenden Dorfleuten verkündete, daß das Christkind eben am Dorfrand in des Bürgermeisters altem Stall geboren war, eilten alle Frauen zurück nach Hause und suchten rasch zusammen, was sie in ihren Vorratskammern an Kostbarem hatten. Das wollten sie dem Christkind schenken.

Man trug die Arme voll, man trug Buckelkörbe, Henkelkörbe, man schleppte noch verschiedenes auf den Schlitten, daß die Heilige Familie keine Not leiden mußte. Niemand spürte das Gewicht der Geschenke, so leicht ging man mit der Last. Der Herr Bürgermeister hatte ein Fäßchen besten Met gepackt und trug es auf der Schulter und eilte, um vor dem Gevatter Wozilka anzukommen, der einen Ring Leberwürste schleppte.

Hinter ihm lief der Stift des Bäckers Vondra mit einem Korb noch warmer Kipfel und Semmeln, und er lachte und freute sich, der Strolch, daß er Tonda Wazek eingeholt hatte. »Na und, was ist schon dabei!« entschuldigte sich Tonda. Er mußte vorsichtig laufen, weil er einen Krug dicker Sahne trug. Tante Strnad hatte einen Buckelkorb mit Kochvorrat gepackt, nun brachte sie ihn mit dem Schlitten hin und freute sich, wie sie Maria mit guter Butter überraschen würde. Und sie legte noch einen Brotlaib dazu.

Der Schuster Houswitschka rannte wie ein Windsturm mit schönen warmen Winterstiefeln. Er trug sie auf einem Teller, man sollte nur sehen, daß er eine gute Kinderstube hatte.

Vor der Krippe mußten sie alle Ruhe und Ordnung bewahren. Der Herr Bürgermeister selbst paßte mit dem Herrn Lehrer auf.

Alle gehorchten nur zu gern. Als aber die drei Könige und andere werte Besucher fort waren, sprach der Herr Bürgermeister zu den Leuten: »Nun macht doch, Leutchen, den Kindern Platz. Auch die Kleinsten wollen zu der Krippe kommen können und sich am Christkind freuen.«

Zuerst standen da die Kinder still wie Mäuschen. Voller Ehrfurcht schauten sie sich das bildhübsche Christkind an und wagten kaum noch zu atmen. Dann hieß sie aber der Ziehvater Josef, nur getrost herumzuspringen. Tonik Zelenka schoß gleich einen Purzelbaum im Schnee, und als das Christkind darüber lachte, tummelten sich bald alle Kinder vor der Krippe.

Die Jungen bewarfen sich mit Schneebällen und wälzten sich im Schnee herum, daß er nur so in die Luft flog. Sie machten ein solches Theater, daß auch der Ziehvater Josef lachen mußte. Dann baute man vor dem Stall einen richtigen Schneemann. Sogar noch ein Eichhörnchen aus dem nahen Birkenwald kam gelaufen, um sich den komischen Gevatter anzuschauen.

Als die Kinder müde geworden waren, kamen sie zu der Krippe zurück. Sie hatten rote Wangen und strahlende Augen, und ein kleines Mädchen gefiel dem Christkind so gut, daß es sie auf einmal am Ärmel zupfte. Das gab dem Mädchen den Mut, des Christkinds kleine Hand zu nehmen, sie zu kitzeln und aufzusagen: »Ein kleines Mäuschen kocht ein Breichen . . .«

Und schon wollten alle Kinder verschiedene Kinderreime aufsagen, weil es dem Christkind offensichtlich gefiel. Bürgermeisters Mariechen wollte den Glückwunsch aufsagen, den sie für den Geburtstag ihrer Großmutter gelernt hatte. Die Kinder lachten sich krumm, als sie ernst begann: »Geliebte Großmutter!«

Um es gutzumachen, begann sie rasch, das kleine Einmaleins aufzusagen. Und dabei machte sie keinen einzigen Fehler, obwohl sogar noch der Ziehvater Josef vor Lachen weinte.

Gegen Mittag zogen sich die Kinder zurück. Aber kaum waren sie mit dem Essen fertig, schon eilten sie wieder zu der Krippe. Sie brachten ausgewähltes Spielzeug mit. Sie hatten nicht sehr viel davon, und kaum ein einziges Stück war tadellos. Für sie waren es aber doch Schätze. Nun legten sie sie vor die Krippe, als wären es die kostbaren Geschenke der drei Könige: runde Steinchen, Topfhenkel, bunte Scherben, abgedroschene Kreisel, Mundorgeln und andere Kostbarkeiten.

Der Ziehvater Josef nahm alles mit großem Ernst entgegen und hatte Tränen in den Augen, als er lebendige Geschenke sah, von denen sich die Kinder sonst kaum hätten trennen können: ein buntscheckiges Kaninchen und ein Paar Tauben von Müllers Karl und ein nettes Schäflein mit rotem Band von der kleinen Rosa.

»Kinder, Kinder, das ist aber nett, daß ihr das Christkind so reichlich beschenkt!« bedankten sich die Jungfrau Maria und der Ziehvater Josef.

Aber der kleine Wenzel antwortete fröhlich: »Das ist nicht

der Rede wert, Onkel! Dafür werden wir jetzt doch vom Christkind Jahr für Jahr beschenkt!«

Josef Lada

Worüber das Christkind lächeln mußte

Als Josef mit Maria von Nazareth her unterwegs war, um in Bethlehem anzugeben, daß er von David abstamme, was die Obrigkeit so gut wie unsereins hätte wissen können, weil es ja längst geschrieben stand – um jene Zeit also kam der Engel Gabriel heimlich noch einmal vom Himmel herab, um im Stalle nach dem Rechten zu sehen. Es war ja sogar für einen Erzengel in seiner Erleuchtung schwer zu begreifen, warum es nun der allererbärmlichste Stall sein mußte, in dem der Herr zur Welt kommen sollte, und seine Wiege nichts weiter als eine Futterkrippe. Aber Gabriel wollte wenigstens noch den Winden gebieten, daß sie nicht gar zu grob durch die Ritzen pfiffen, und die Wolken am Himmel sollten nicht gleich wieder in Rührung zerfließen und das Kind mit ihren Tränen überschütten, und was das Licht in der Laterne betraf, so mußte man ihm noch einmal einschärfen, nur bescheiden zu leuchten und nicht etwa zu blenden und zu glänzen wie der Weihnachtsstern.

Der Erzengel stöberte auch alles kleine Getier aus dem Stall, die Ameisen und Spinnen und die Mäuse, es war nicht auszudenken, was geschehen konnte, wenn sich die Mutter

Maria vielleicht vorzeitig über eine Maus entsetzte! Nur Esel und Ochs durften bleiben, der Esel, weil man ihn später ohnehin für die Flucht nach Ägypten zur Hand haben mußte, und der Ochs, weil er so riesengroß und so faul war, daß ihn alle Heerscharen des Himmels nicht hätten von der Stelle bringen können.

Zuletzt verteilte Gabriel noch eine Schar Engelchen im Stall herum auf den Dachsparren, es waren solche von der feinen Art, die fast nur aus Kopf und Flügeln bestehen. Sie sollten ja auch bloß still sitzen und achthaben und sogleich Bescheid geben, wenn dem Kinde in seiner nackten Armut etwas Böses drohte. Noch ein Blick in die Runde, dann hob der Mächtige seine Schwingen und rauschte davon.

Gut so. Aber nicht ganz gut, denn es saß noch ein Floh auf dem Boden der Krippe in der Streu und schlief. Dieses winzige Scheusal war dem Engel Gabriel entgangen, versteht sich, wann hatte auch ein Erzengel je mit Flöhen zu tun!

Als nun das Wunder geschehen war, und das Kind lag leibhaftig auf dem Stroh, so voller Liebreiz und so rührend arm, da hielten es die Engel unterm Dach nicht mehr aus vor Entzücken, sie umschwirrten die Krippe wie ein Flug Tauben. Etliche fächelten dem Knaben balsamische Düfte zu, und die anderen zupften und zogen das Stroh zurecht, damit ihn ja kein Hälmchen drücken oder zwicken möchte.

Bei diesem Geraschel erwachte aber der Floh in der Streu. Es wurde ihm gleich himmelangst, weil er dachte, es sei jemand hinter ihm her, wie gewöhnlich. Er fuhr in der Krippe herum und versuchte alle seine Künste, und schließlich, in der äußersten Not, schlüpfte er dem göttlichen Kinde ins Ohr.

»Vergib mir!« flüsterte der atemlose Floh. »Aber ich kann nicht anders, sie bringen mich um, wenn sie mich erwischen. Ich verschwinde gleich wieder, göttliche Gnaden, laß mich nur sehen, wie!«

Er äugte also umher und hatte auch gleich seinen Plan. »Höre zu«, sagte er, »wenn ich alle Kraft zusammennehme, und wenn du stille hältst, dann könnte ich vielleicht die Glatze des Heiligen Josef erreichen, und von dort weg kriege ich das Fensterkreuz und die Tür . . .«

»Spring nur!« sagte das Jesuskind unhörbar. »Ich halte still!«

Und da sprang der Floh. Aber es ließ sich nicht vermeiden, daß er das Kind ein wenig kitzelte, als er sich zurechtrückte und die Beine unter den Bauch zog.

In diesem Augenblick rüttelte die Mutter Gottes ihren Gemahl aus dem Schlaf.

»Ach, sieh doch!« sagte Maria selig. »Es lächelt schon!«

Karl Heinrich Waggerl

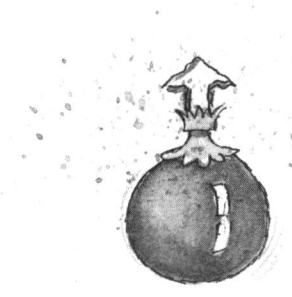

Das Weihnachtsgeschenk des Kleinen Engels

Es war einmal – nach der Zeitrechnung der Menschen ist es viele, viele Jahre her, nach dem himmlischen Kalender freilich nur einen Tag – ein trauriges Engelchen, das im ganzen Himmelreich nur als der »Kleine Engel« bekannt war.

Der Kleine Engel war genau zehn Jahre, sechs Monate, fünf Tage, sieben Stunden und zweiundzwanzig Minuten alt, als er vor den ehrwürdigen Hüter der Himmelspforte trat und um Einlaß bat. Herausfordernd stand er da, seine kurzen Beinchen trotzig gespreizt, und tat so, als wäre er von solch unirdischem Glanz nicht im geringsten beeindruckt. Aber seine Oberlippe zuckte doch verräterisch, und er konnte auch nicht verhindern, daß ihm eine Träne über das sowieso schon völlig verweinte Gesicht kollerte und sich erst auf seiner sommersprossigen Nase fing.

Aber das war noch nicht alles. Natürlich hatte er wie üblich sein Taschentuch vergessen, und als der freundliche Himmelspförtner den Namen in sein großes Buch eintrug, mußte der Kleine Engel plötzlich ganz laut schnupfen – so laut, daß dem guten Himmelspförtner vor Schreck etwas passierte, was noch nie vorgekommen war: Er machte einen dicken Klecks auf die sauber beschriebene Seite!

Von diesem Augenblick an war der himmlische Friede gestört, und der Kleine Engel wurde bald zum Schrecken aller Himmelsbewohner. Sein Pfeifen schrillte durch die goldenen Straßen, daß die Propheten jedesmal zusammenzuckten und aus ihren Betrachtungen gerissen wurden. Und bei den Gesangsstunden des Himmelschores sang er so laut und so falsch, daß der zarte himmlische Klang völlig zerstört wurde. Dazu kam, daß er wegen seiner kurzen Beinchen stets zu spät zu den abendlichen Gebetsstunden erschien und die anderen Engel an ihre Flügel stieß, wenn er sich zwischen ihren Reihen hindurch auf seinen Platz zwängte.

Hätte man dieses schlechte Betragen noch übersehen können, so war seine äußere Erscheinung völlig unentschuldbar. Zuerst flüsterten Cherubinen und Seraphinen es sich heimlich zu, bald aber sprachen die Engel und Erzengel es ganz laut aus, daß er überhaupt nicht wie ein Engel aussah. Und sie hatten recht. Sein Heiligenschein hatte ganz trübe Flecken an den Stellen, wo er ihn mit seinen kleinen Schmutzfingern festhielt, wenn er rannte. Und er rannte eigentlich immer.

Aber selbst wenn er einmal stille stand, saß der Heiligenschein immer irgendwo schief auf dem Kopf, oder er fiel ganz herunter und rollte eine der goldenen Straßen entlang, so daß der Kleine Engel hinterherlaufen mußte. Ja, und es muß auch gesagt werden, daß seine Flügel weder schön noch nützlich waren. Alle hielten den Atem an, wenn er sich wie ein ängstlicher, eben flügge gewordener Spatz an den äußersten Rand einer Wolke setzte und Anstalten zu einem Flug traf. Dann schloß er die Augen, hielt sich mit seinen beiden

Händen seine sommersprossige Nase zu, zählte bis drei –
und stürzte sich dann – Kopf über Heiligenschein hinaus –
ins All. Und weil er dabei stets vergaß, seine Flügel in Aktion
zu setzen, endete ein solcher Flug meist mit einer Panne.

Daß all dies früher oder später zu einer Bestrafung führen
mußte, sah jeder kommen. Und so geschah es dann, daß er
an einem ewigen Tag im ewigen Monat eines ewigen Jahres
vor den Engel des Friedens gerufen wurde.

Der Kleine Engel kämmte sich sorgfältig die Haare, bür-
stete seine zerzausten Flügel und streifte sich ein fast sau-
beres Kleid über – und dann machte er sich schweren Her-
zens auf den Weg. Als er sich dem Gebäude der himmlischen
Gerechtigkeit näherte, hörte er von weitem schon fröhlichen
Gesang erschallen. Schnell putzte er seinen Heiligenschein
an seinem Kleid noch einmal blank, und dann trat er auf
Zehenspitzen ein.

Der Sänger, der im Himmel als der Engel des Verstehens
bekannt ist, blickte auf den Kleinen Engel hinab, und der
machte sofort einen vergeblichen Versuch, sich unsichtbar
zu machen, indem er seinen Kopf wie eine Schildkröte in den
Kragen seines Gewandes einzog.

Bei diesem Anblick konnte der Engel des Verstehens nicht
ernst bleiben. Er lachte ein herzliches, warmes Lachen und
sagte: »Du bist also der Missetäter, der den Himmel so in
Aufruhr versetzte! Komm, du kleiner Cherub, und erzähle
mir nun alles!«

Der Kleine Engel blinzelte zuerst mit dem einen und dann
mit dem anderen Auge hinauf zu dem großen Engel – und
plötzlich, er wußte selbst nicht, wie es gekommen war, saß
er auf dem Schoß und erzählte, wie schwer es doch für einen
kleinen Jungen sei, wenn er plötzlich ein Engel würde. Und

er hätte auch wirklich nur ein einziges Mal am Goldenen Tor geschaukelt. Nun ja, zweimal; richtig, vielleicht war es dreimal; aber doch nur, weil er solche Langeweile hatte. Und das war wohl auch das ganze Unglück.

Der Kleine Engel hatte nichts zu tun. Und er hatte Heimweh. Nicht, daß es im Paradies nicht schön wäre! Aber die Erde war eben auch schön gewesen mit den Bäumen, auf die man hinaufklettern konnte, und mit ihren Fischen im Wasser, die man fangen konnte, und mit ihren Seen zum Schwimmen, ihrer Sonne, ihrem Regen und dem braunen Lehm, der sich so weich und warm anfühlte unter den Füßen!

Der Engel des Verstehens lächelte verständnisvoll. Dann fragte er den Kleinen Engel, was ihn im Paradies wohl am glücklichsten machen würde. Der dachte eine Weile nach, und dann flüsterte er ihm ins Ohr: »Zu Hause unter meinem Bett steht eine Schachtel. Wenn ich die haben könnte!«

Der Engel des Verstehens nickte. »Du bekommst sie«, versprach er und sandte sofort einen Himmelsboten danach aus.

In all den zeitlosen Tagen, die nun folgten, wunderten sich alle über die merkwürdige Wandlung, die sich in dem Kleinen Engel vollzogen hatte. Er war der glücklichste von allen Engeln, und sein Betragen und sein Aussehen waren so vorbildlich, daß niemand mehr etwas auszusetzen hatte.

Eines Tages nun kam die Kunde, daß Jesus, der Sohn Gottes, von Maria, der Jungfrau, zu Bethlehem geboren werden sollte.

Allgemeiner Jubel wurde laut, und all die Engel und Erzengel, die Seraphinen und Cherubinen, der Himmelspförtner und alle anderen Himmelsbewohner legten ihre alltäglichen Arbeiten beiseite, um Geschenke für das Gotteskind vorzubereiten.

Alle waren eifrig bei der Arbeit, nur der Kleine Engel nicht. Der saß auf der obersten Stufe der goldenen Himmelstreppe und wartete, den Kopf in die Hände gestützt, auf eine gute Idee für ein passendes Geschenk. Aber so sehr er auch nachdachte, es fiel ihm nichts ein, das würdig gewesen wäre für das göttliche Kind.

Die Zeit des großen Wunders war schon bedenklich nahe gerückt, als ihm plötzlich der erlösende Gedanke kam. Und am Tag der Tage holte er sein Geschenk aus seinem Versteck hinter einer Wolke hervor und legte es vor den Thron Gottes nieder. Es war nur eine kleine, unscheinbare, abgegriffene Schachtel, aber sie enthielt all jene wunderbaren Dinge, die selbst ein Gotteskind erfreuen mußten.

Da lag nun die kleine, unscheinbare, abgegriffene Schachtel mitten unter den anderen kostbaren Geschenken der Engel des Paradieses, Geschenke von solcher Pracht und atemberaubender Schönheit, daß der Himmel und das gesamte Weltall von ihrem bloßen Widerschein erleuchtet waren.

Als der Kleine Engel diese Pracht sah, wurde er ganz niedergeschlagen, denn er erkannte, daß sein Geschenk unwürdig war. Am liebsten hätte er es wieder zurückgenommen, aber dazu war es nun zu spät. Die Hand Gottes bewegte sich bereits über all die Geschenke hinweg, hielt plötzlich inne, senkte sich herab – und ruhte auf dem ärmlichen Geschenk des Kleinen Engels.

Der Kleine Engel zitterte, als die Schachtel geöffnet wurde und nun vor den Augen Gottes und der anderen Himmelsbewohner das offen dalag, was er dem Gotteskind zum

Geschenk gemacht hatte: ein Schmetterling mit goldgelben Flügeln, den er an einem sonnigen Tag in den Bergen gefangen hatte, ein himmelblaues Vogelei, das aus einem Nest im Olivenbaum gefallen war, zwei weiße Kieselsteine, die er am schlammigen Ufer des Flusses gefunden hatte, und ein abgerissenes Stück Leder, das einst das Halsband seines treuen vierbeinigen Begleiters gewesen war . . .

Der Kleine Engel weinte heiße, bittere Tränen. Wie hatte er jemals annehmen können, daß solch unnütze Dinge einem Gotteskind gefallen würden?

In panischer Angst wandte er sich um, um wegzulaufen und sich zu verstecken vor dem göttlichen Zorn des himmlischen Vaters. Aber plötzlich stolperte er und fiel so ungeschickt über eine Wolke, daß er bis vor den Thron des Allmächtigen kollerte.

Lähmende Stille herrschte in der himmlischen Stadt, eine Stille, in der nur das herzzerreißende Schluchzen des Kleinen Engels zu hören war. Aber plötzlich erhob sich eine Stimme, die Stimme Gottes, und sie sprach: »Von allen Geschenken gefällt mir diese Schachtel am besten. Sie enthält Dinge von der Erde und von den Menschen, und mein Sohn ist zum König beider geboren. Ich nehme deshalb dieses Geschenk im Namen des Kindes Jesus an, das heute von Maria in Bethlehem geboren wurde.«

Es folgte eine atemlose Stille, und dann begann die Schachtel des Kleinen Engels plötzlich in einem völlig unirdischen Licht zu leuchten. So hell und so strahlend wurde das Leuchten, daß es die Augen aller Engel blendete. Keiner von ihnen konnte daher sehen, wie dieses strahlende Etwas sich von seinem Platz vor dem Thron Gottes erhob – nur der Kleine Engel sah, wie es seinen Weg über das Firmament nahm und als klar leuchtendes Zeichen über einem Stall stehenblieb, in dem ein Kind geboren wurde.

Charles Tazewell

Der Engel mit dem Gipsarm

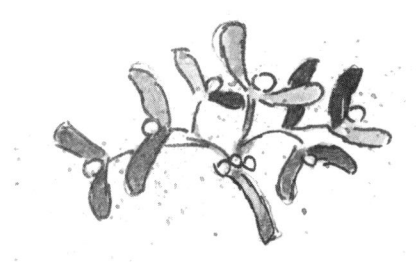

Jetzt will ich euch erzählen, wie Dang Fratzer einmal einen Weihnachtsengel spielte.

Dang Fratzer geht in die dritte Klasse zu Frau Timm. Aber er sieht anders aus als die anderen Kinder. Seine richtigen Eltern waren Vietnamesen. Dang ist in Vietnam geboren. Das ist ein ganz fernes Land auf der anderen Seite der Erde.

Als Dang zur Welt kam, wütete dort gerade ein schrecklicher Krieg. Niemals möchte ich einem Kind wünschen, daß es in einem Land zur Welt kommt, in dem gerade Krieg ist. Etwas Schlimmeres kann man sich nicht denken.

Dangs Eltern und alle seine Geschwister und Verwandten wurden von Soldaten getötet. Nur er allein blieb übrig.

Zum Glück war Dang noch ganz klein und begriff nichts. Jemand brachte ihn in ein Waisenhaus. Und eines Tages fuhr er mit anderen Waisenkindern auf einem Schiff nach Deutschland und kam in ein Kinderheim hier in unserer Stadt.

Dort sahen ihn Fratzers. Sie hatten ihn gleich so lieb, daß sie ihn mit zu sich nach Hause nahmen und später adoptierten. Fratzers haben keine eigenen Kinder. So ist Dang ihr

Kind geworden. Er sagt Papa und Mama zu Herrn und Frau Fratzer und ist ebensogut deutsch wie jedes andere Kind in der Straße.

Von Vietnam und vom Krieg weiß er nichts mehr. Nur nachts hat er manchmal schlimme Träume. Dann schlägt er um sich und schreit. Aber am Morgen hat er alles vergessen und ist wieder vergnügt.

Als Frau Timm nach den Herbstferien anfing, mit der Klasse ein Krippenspiel einzuüben, wollte Dang unbedingt den Verkündigungsengel spielen. Der Verkündigungsengel – das ist der, der den Hirten auf dem Feld die Geburt des Jesuskindes verkündet. Die ganze Klasse lachte, als Dang sich dafür meldete.

Und Marion Holzapfel, die unter allen Umständen selber den Engel spielen wollte, rief: »Quatsch! Ein Junge kann doch kein Engel sein!«

»Kann der doch!« antwortete Dang eigensinnig. »Schließlich heißt es *der* Engel!«

Und am anderen Tag kam er an und verkündete: »Mein Papa sagt, in der Bibel sind die Engel überhaupt immer nur Männer und haben Männernamen.«

»Aber sie sehen nicht vietnamesisch aus!« rief Marion. »Sie haben helle blonde Haare und eine liebliche Stimme.« Das mit der Stimme sagte sie, weil Dang eine rauhe, brummelige Stimme hat.

Aber am nächsten Tag meldete sich Dang wieder und erklärte: »Mein Papa sagt, in den biblischen Geschichten steht gar nichts davon, wie Engel aussehen und was sie für Stimmen haben.«

»Das stimmt«, gab Frau Timm zu. »Da hat dein Papa recht.«

Und um die Sache endlich zu entscheiden, machte sie zwei Loszettel – einen leeren und einen, auf dem »Engel« stand. Sie ließ Dang und Marion ziehen. Und es war Dang, der gewann. Marion zog den leeren Zettel und sollte bei den himmlischen Heerscharen mitsingen, weil sie eine liebliche Stimme hat. Sie war so enttäuscht!

Dang aber war der eifrigste Verkündigungsengel, der jemals in der Kirche herumgeschwebt war. Ja, es sah wirklich fast so aus, als ob er schwebte, wenn er in dem weißen Gewand, das seine Mutter ihm genäht hatte, hinter dem Altar hervortrat und mit hochgereckten Armen die himmlische Botschaft verkündete.

Doch eines Tages kam er zur Probe und hatte den linken Arm in Gips.

Stellt euch vor, er hatte heimlich vom Garagendach aus »Fliegen« geübt, weil er dachte, es wäre nützlich für einen Engel, wenn er wenigstens ein ganz klein wenig fliegen konnte.

Leider war er bei der Landung so ungeschickt aufgekommen, daß er sich den Arm gebrochen hatte.

Frau Timm hörte sich die Geschichte an und schüttelte bekümmert den Kopf. »Ich kann mir ja wirklich alle möglichen Arten von Engeln vorstellen«, sagte sie, »Jungen oder Mädchen, schwarz oder weiß oder vietnamesisch. Aber einen Engel mit einem Gipsarm? Wie willst du denn nun die Arme ausbreiten, wenn du den Hirten die Botschaft verkündest?«

Marion Holzapfel kam herbeigestürzt und rief: »Jetzt kann Dang nicht mehr der Engel sein, nicht wahr, er kann kein Engel mehr sein?«

Aber Dang schob sie zur Seite und sagte zu Frau Timm: »Mein Papa sagt, es kommt nicht darauf an, ob ein Engel die

Arme ausbreiten kann oder nicht. Es kommt auf die Botschaft an. Und die kann ich ja sagen!«

Und er riß den Mund auf und ließ die Backenmuskeln spielen, damit jeder sehen konnte, wie gut sein Mund in Ordnung war.

Frau Timm seufzte. »Na schön«, sagte sie. »Aber paß gut auf, daß dir bis zur Aufführung nicht noch ein Zahn herausfällt.«

Das versprach Dang.

So geschah es, daß in diesem Jahr der Verkündigungsengel schwarze struppige Haare hatte, vietnamesisch aussah und den rechten Arm in der Schlinge trug. Die Leute, die am Heiligen Abend in die Kirche kamen und sich das Krippenspiel anschauten, wunderten sich ein wenig darüber. Manche dachten wohl, es sei noch gar nicht der richtige Verkündigungsengel.

Aber dann erhob er seine Stimme und sagte: »Fürchtet euch nicht! Siehe, ich verkündige euch große Freude, die allem Volk widerfahren wird; denn euch ist heute der Heiland geboren, welcher ist Christus, der Herr, in der Stadt Davids.«

Da begriffen die Leute, daß alles seine Richtigkeit hatte.

Renate Schupp

Der Teufel an der Krippe

Stefan und Michael waren Freunde. Sie gingen in die gleiche Klasse. In ihrer Schule wurde jedes Jahr ein altes Krippenspiel aufgeführt. Es traten auf: Maria und Josef, Engel und Hirten, die drei Weisen aus dem Morgenland – und Luzifer mit seinem höllischen Anhang.

Wenn die Hirten und die Könige ihre Gaben vor der Krippe niedergelegt hatten, trat aus einem dunklen Winkel der Höllenfürst und verspottete das Kind, das in einem elenden Stall zur Welt gekommen war. So frech waren seine Reden, daß Könige und Hirten erstarrten und Maria ihre Hände über das Kind hielt. Plötzlich aber wurde Luzifer von einem Lichtstrahl getroffen. Der Erzengel Michael erschien. An der Spitze seines Speers glänzte ein Stern. Und beim Anblick dieses Sterns brach die Höllenbrut in ein fürchterliches Geheul aus.

»Weiche, du Teufel!« rief Michael, und Luzifer verschwand von der Bühne. Engel, Hirten und Könige stimmten den Schlußgesang an: »Friede den Menschen auf Erden!«

Jahr für Jahr lief so das Spiel ab, und alle waren zufrieden.

Als die Spieler für die neue Aufführung gesucht wurden,

sagte der Lehrer zu Stefan: »Du wirst der Luzifer sein.« Zu Michael sagte er: »Und du der Erzengel, von dem du den Namen hast; beim Spiel seid ihr also keine Freunde.«

Stefan und Michael waren mit ihren Rollen einverstanden. Bei den Proben machten alle eifrig mit.

Einer der Hirten war Walter. Walter konnte Stefan nicht leiden. Die beiden waren schon öfter aneinandergeraten.

Am Tag vor dem Spiel kam es zu einem Zusammenstoß.

Die Nacht über hatte es geschneit. In der Pause fingen ein paar von den Jungen im Schulhof eine Schneeballschlacht an.

Alle machten mit, und bei jedem Treffer wurde gelacht.

Stefan hatte Walter schon mehrmals getroffen. Walter war wütend. Einer seiner Bälle schlug Stefan den Schneeball, den er eben werfen wollte, aus der Hand. Stefan bückte sich, griff nach Schnee, knetete rasch einen neuen Ball, warf und traf Walter im Gesicht.

Walter schrie auf, preßte die Hände gegen die Stirn, und als er sie wegnahm, waren sie blutig. Er stürzte sich auf Stefan, schlug mit den Fäusten auf ihn ein und schrie: »Du Teufel, du Teufel, du!«

Stefan starrte das blutige Gesicht an und wehrte sich nicht.

Der Lehrer trennte die beiden und untersuchte die Schramme.

Stefan sagte: »Ich muß einen Stein erwischt haben.«

»Halb so schlimm!« meinte der Lehrer und nahm Walter mit.

Walter kam mit einem Pflaster auf der Stirn in die Klasse. Als er an Stefan vorbei zu seinem Platz ging, zischte er: »Dir werd' ich es schon noch geben, du Teufel!«

Am nächsten Tag fand vormittags die Hauptprobe statt. Alles ging wie am Schnürchen.

Als sich am Abend im kleinen Schulsaal der Vorhang hob, staunten die Zuschauer, Eltern und Kinder, wie sicher die Spieler ihre Rollen gelernt hatten. Keiner blieb stecken. Nur einer der Hirten stotterte, als er seine Gabe vor der Krippe niederlegte. Aber das machte sich gut. Jeder dachte: Dem klopft eben das Herz.

So war es. Walter, der den Hirten spielte, hatte Herzklopfen, weil etwas bevorstand, das nicht geprobt worden war. Nur die anderen drei Hirten waren eingeweiht.

Als Luzifer und seine Begleiter in der dunklen Ecke zu rumoren begannen, warfen sich die Hirten Verschwörerblicke zu.

Luzifer trat hervor und begann seine frechen Reden. Als er rief: »Auf gewöhnlichem Stroh liegst du und willst die Welt vor mir retten«, da geschah es: Die Hirten stürzten sich mit ihren Stecken auf ihn.

»Du Teufel!« schrien sie. Und Walter rief laut: »Ihr Könige, gerbt dem Teufel das Fell!«

Die Könige wollten sich von den Hirten nicht übertreffen lassen, wenn es darum ging, Luzifer in die Hölle zurückzujagen. Den Teufeln brachen unter den Schlägen die Hörner weg.

Im Saal reckten sich die Köpfe. Die kleinen unter den Zuschauern klatschten begeistert, so gut gefiel es ihnen, wie Könige und Hirten es der Satansbrut gaben.

Da fiel auf die Bühne der Lichtstrahl, der Luzifer treffen sollte. Er traf ein Getümmel.

Als Michael mit dem Stern erschien, sah er Luzifer von allen Seiten bedrängt. Die kleinen Teufel hatten schon die

Flucht ergriffen. Luzifer stand allein gegen eine Übermacht, die ein Hirte anführte, der eine Schramme an der Stirn trug.

Das waren nicht Könige und Hirten, die gegen die Hölle kämpften – hier ließ einer seiner Rache freien Lauf und riß andere hinterlistig mit: Das sah Michael sofort. Sein Freund war in Gefahr. Und Michael schlug drein.

Der Speer mit dem Stern an der Spitze traf zuerst den Rädelsführer, dann die anderen Hirten und schließlich sogar einen der drei Könige, der Luzifer eben von hinten angriff. Könige und Hirten stoben auseinander.

Im Saal war es atemlos still, als Michael rief: »Weiche, du Teufel!« und dabei nicht Luzifer ansah, sondern den Hirten, der sich auf Luzifer gestürzt hatte. Der Angreifer zog sich samt seinen Verbündeten zurück, so zornig fuhr Michael sie an.

Der Stern lag auf dem Boden. Luzifer hob ihn auf. Er hielt ihn dem Erzengel hin.

Michael sah den zerbrochenen Speer an und wußte nicht, was er tun sollte.

Da wandte sich Luzifer zur Krippe, kniete nieder wie vorher die Könige, und er, der Höllenfürst, legte Maria den Stern zu Füßen. Alle anderen Geschenke waren beim Kampf weggefegt worden. Nur die Gabe Luzifers lag vor der Krippe. Und weil es Hirten und Engeln und Königen die Stimme verschlagen hatte, stimmten Michael und Luzifer allein den Schlußgesang an: »Friede den Menschen auf Erden!«

Hans Baumann

Kleines braunes Jesuskind

»Pause!« sagte ich wieder. »Du hast die Pause vergessen!«
Im dunklen Kandiszuckergesicht der Jungfrau Maria blitz-
ten die Augäpfel.

»Ja, Miss«, sagte sie gottergeben.

»Versuch's noch mal! Und achte auf mich!«

Es war wirklich schade, daß Heliotrope Smith am geeig-
netsten war. Sie und keine andere würde die Jungfrau
Maria sein müssen, aber das ging nicht ohne Schwierigkei-
ten ab. Denn sie war nicht nur eine »Zurückgebliebene«, sie
hatte auch den natürlichen Künstlerinstinkt – eine heikle
Mischung.

»Pause!« rief ich.

Diesmal griente Heliotrope von einem Ohr zum anderen
und zeigte all ihre weißen Zähne. Man muß sie ebenso gern
haben, wie man ein junges Hündchen gern haben muß.
Heliotrope war nicht einfach unartig – sie war der reinste
Sprengstoff. Sogar Jim, der es glatt fertiggebracht hatte, der
Handarbeitslehrerin eine Büchse voll Würmer an den Kopf
zu werfen und den Hausmeister mit seinem eigenen Besen
zu schlagen, versuchte, sich vor Heliotrope in Sicherheit zu

bringen, indem er sich an mich heranschlängelte und heimlich tuschelte: »Ist doch schrecklich, Miß, wenn's immer Unruhe gibt!«

Ich wußte, was er meinte. Wer weiß, was passieren konnte.

Ehe Heliotrope kam, hatte es in der Gudge Street nie eine Farbigenfrage gegeben, doch sie hatte gleich am ersten Tag eine geschaffen, indem sie uns »dreckige Weiße« nannte. Sie wurde dafür beinahe gelyncht.

Seltsamerweise war es Doreen Bax, die ruhigste der ganzen Klasse, die Heliotropes Freundin wurde, und jetzt, so schien es, sollte unser Stück dem ein Ende machen, denn – was für ein Pech – Doreen hatte angenommen, daß sie die Jungfrau Maria spielen dürfe. In meinem Stück war sie ein Engel. Seit vierzehn Tagen schmollte sie mit mir.

Der Morgen mit der Generalprobe kam – wir sollten das Stück am Nachmittag für die Schule aufführen –, und es fing gleich damit an, daß Gertie Pugh die rote Glasbrosche von der Teemütze mauste, die der eine von den Heiligen drei Königen auf dem Kopf tragen sollte. Wir brachten es fertig, die Brosche aus ihrer Pumphose zu entfernen, doch das erforderte Zeit, und weil Gertie beim Mausen die Nadel abgerissen hatte, mußte ich sie jetzt mit Leim auf die Teemütze kleben. Dann bekam Jim, der siebente Schäfer, seine Nervenzustände und schlug Joseph zu Boden, und die Frau des Herbergsvaters erschien in einer gelben Papierkrinoline, langen, schwarzen Handschuhen und einem Künstlerhut, denn so hatte ihre Mutter meine Bitte um ein altes Leintuch und ein paar Sicherheitsnadeln ausgelegt, und sie machte mich noch nervöser, als sie sich in Hut und Handschuhen im Zuschauerraum zeigte. Doch schlimmer als alles, weit schlimmer, war die Krise wegen der Puppe. Ich hatte vorgeschlagen, daß wir für das Jesuskind auf der Bühne weiter nichts als ein Stoffbündel benutzten, um das ein Schal gewickelt wurde. Aber davon wollte die Klasse nichts wissen. Sogar Jim, der sich in seinen ruhigen Momenten bei mir einschmeichelte, konnte so etwas nicht dulden.

»Jeder kann sehen, daß da kein Jesus in dem Zeugs steckt«, erklärte er. »In unserer Kirche haben sie eine Puppe, Miß. Und Stroh.«

Jim war ein in die Höhe geschossener, schlaksiger Junge mit unkontrollierten Bewegungen und Nagelschuhen. Manchmal fiel er platt aufs Gesicht. Es war mir neu, daß er die Kirche besuchte.

»Ja, Miß«, tadelte die Klasse, »wir woll'n eine Puppe!«

Daher wählte ich Doreen; sie sollte ihre Puppe mitbringen. Es schien sie aufzuheitern.

»Und Stroh!« erinnerte mich Jim. »Ohne Stroh ist es nicht richtig.«

»Gut, Jim«, sagte ich. »Wenn du Stroh bekommst, bring es mit!«

Doch es war mir nicht unangenehm, als er dann ohne Stroh erschien. Ich hatte genug Sorgen. Doreen brachte zwar ihre Puppe, aber eine kleine, kleine Hätschelpuppe von der Sorte, die wir früher, in weniger aufgeklärten Zeitläufen, ein Negerbaby genannt hätten. Doch auch Heliotrope brachte eine Puppe an, eine weiße Puppe, und sie war fast einen Meter groß und durchaus eine Dame.

»Hier ist Jesus, Miß«, sagte sie.

Die Klasse starrte hingerissen auf das flitterbesetzte Ballkleid und die Stöckelschuhe.

»Die ist größer als die Puppe in unsrer Kirche«, sagte Jim finster.

Damit hatte er recht.

Doreen preßte ihr Püppchen an sich, und ihr Gesicht wurde allmählich puterrot. Ich war töricht genug, es bei Heliotrope mit Überredung zu versuchen.

»Es ist eine schöne Puppe, Heliotrope, aber ich finde sie ziemlich groß.«

»Groß, Miß?« Heliotrope platzte fast vor ungläubigem Gelächter. »Groß? Das ist doch gar nichts. In Jamai . . .«

Ich unterbrach sie.

»Außerdem hat Doreen schon ihre Puppe mitgebracht. Ich hatte sie aufgefordert. Es war abgemacht.«

Heliotrope tat überrascht. »Meinen Sie das winzige Püppchen?« fragte sie mit sachlicher Stimme. »So ein Kleines? Ich glaube nicht, daß so ein Kleines gut genug ist, um Jesus zu sein.«

Ich hatte es noch nie erlebt, daß Doreen ihre Stimme erhob. Ich hätte es überhaupt nicht für möglich gehalten. Doch jetzt kreischte sie vor Wut.

»Jesus war keine Dame!«

Heliotrope flog herum. Der Kampf war eröffnet.

»Jesus konnte sein, was er wollte«, schimpfte sie los. »Er hätte eine Maus sein können oder ein Löwe . . . oder sonst was! So steht's nämlich in der Bibel!«

»Aber in unserm Stück ist er 'n Baby, und fertig!«

Ich dachte, die Klasse würde ihr recht geben, doch die Kinder starrten wie hypnotisiert auf die Balldame, und Heliotrope wußte ihren Vorteil zu nutzen. Ihre Katzenaugen verengten sich, bis sie gehässige Schlitze waren. »Deine Puppe ist schwarz«, sagte sie trocken. »Jesus war schön weiß.« Sie zuckte verächtlich mit der Schulter. »Das kleine, schwarze Würmchen!«

Es war höchste Zeit einzugreifen. Wir würden mit einem Stoffbündel proben, erklärte ich mit fester Stimme. Die Puppen wurden beiseite gelegt und die endgültige Entscheidung auf den Nachmittag verschoben. Wenn wir Glück hatten, konnte immer noch etwas dazwischenkommen.

Nach dem Mittagessen nahm ich vier Aspirintabletten und legte mich hin. Die anderen Lehrer waren in der Kantine, und ich hatte das Lehrerzimmer für mich allein. Ich fing an, mich zu entspannen. Der Rektor war ein vernünftiger Mann: er würde von der Versuchsklasse nichts weiter erwarten, als daß sie hinaufzottelten und wieder nach unten zottelten. Aber darauf kam's auch nicht an. Der Versuchsklasse würde es den größten Spaß machen.

Das Getrampel von Stiefeln auf der Treppe riß mich aus einem leichten Schlummer, und ein gräßlicher Junge namens Fisher platzte herein.

»Sie werden gesucht!« sagte er.

»Wer sucht mich?« fragte ich.

»Ein Mann mit 'nem Pferdewagen.«

Es hörte sich wie ein Traumsymbol an. Ich ging die Treppe hinunter und trat in die abgestandene Kälte der Gudge Street. Eine arme Frau mit einem Kohlkopf unter dem Arm ging vorbei. Von einem Mann war nichts zu sehen, auch nichts von einem Pferd oder Wagen.

Im Klassenzimmer sah ich dann die Bescherung. Stroh! Ganze Berge von Stroh! Mein Katheder war verschwunden, die Zentralheizung schaute nur noch wie die zackige Einfassung eines Blumenbeetes aus dem Strohmeer. Halme steckten in den Tintenfässern. Die Luft war voller Staub. Ich blickte mich stumpfsinnig um. Hinter mir tauchte Jim auf.

»Ich hab' Sie nicht im Stich gelassen«, erzählte er mir glückstrahlend. »Mein Pappi sagt, es kostet nix. Die fünf Schillinge waren für den Lumpenmann, der uns seinen Wagen geliehen hat. Es war zuviel Stroh für Pappis Karre. Mehr als in der Kirche!«

»Das ist sehr nett von deinem Pappi, Jim«, sagte ich mühsam.

Er warf vergnügt eine Handvoll Stroh in die Luft, die auf uns niederregnete.

Dann kratzte er sich: »Flöhe!« sagte er heiter. »Im Stroh sind immer 'ne Masse Flöhe!«

Als Heliotrope ins Klassenzimmer kam, sah ich, daß sie einen langen Kratzer auf der Backe hatte, und bei Doreen schien sich ein blaues Auge zu bilden.

»Miß«, sagte sie mit einer Stimme, die sich nicht länger mit Versprechungen vertrösten ließ, »welche Puppe ist Jesus?«

Ich wußte, was es bedeutete. Wenn ich nicht vorsichtig war, konnte ich meiner Jungfrau Maria nachwinken. Matt blickte ich auf Doreen. Mit dem geschwollenen Auge war ihr Ausdruck unerhört zäh geworden, und sie glich ihrer Mutter wie noch nie.

Auch das stimmte mich nachdenklich. Dann kam mir eine Erleuchtung.

»Wir haben zwei Jesuskinder«, erklärte ich knapp.

Da muß ich mir nun meine Versuchsklasse loben: sie war durch keinerlei Vorurteil getrübt.

»Prima!« schrie Jim. »In der Kirche hatten sie bloß einen Jesus!«

Heliotrope strahlte. Sie begann zu kichern. Über Doreens

Gesicht glitt ein befriedigtes Lächeln. Sie blickten sich an. Heliotrope stürmte vor und schlang ihrer Rivalin den Arm um den Hals.

»Dein kleiner Jesus ist gar nicht so schwarz«, sagte sie, »er ist eben einfach ein kleines, braunes Jesuskind!« Sie nahm ihn auf den Arm und herzte ihn.

Die Balldame kam also in die Krippe, das heißt, die untere Hälfte von ihr. Das Stroh verhüllte Nylonstrümpfe und Stöckelschuhe. Und es war erstaunlich, daß keiner seinen Text vergaß, nicht mal Jim. Doreen sah im Profil interessant aus, und nur ich konnte das blaue Auge sehen. Heliotrope bot der Gudge Street die Weihnachtsgeschichte dar, und die Gudge Street hörte in atemlosem Schweigen zu. Schließlich waren es gefährdete Kinder, Heimatlose, Vertriebene, acht in einem Zimmer . . . Die Gudge Street wußte, was das bedeutete.

Ich stand hinter den Kulissen und verfolgte das Spiel. Nun fehlte nur noch das Schluß-Solo. Heliotrope saß allein auf der Bühne und wartete, wie ich's gesagt hatte, doch als wir beide bis zehn gezählt hatten, blickte sie nicht auf mich, sondern auf das kleine Püppchen in seinem Schalbündel. Anstatt zu singen: »Zur Krippe her kommet im nächtlichen Stall«, stimmte sie eine Melodie an, die ich als Trinidad-Stepptanz erkannte:

»Kleines braunes Jesuskind,
schlaf mir ein geschwind . . .«

Ich blickte entsetzt auf die Zuschauer. Nichts rührte sich. Heliotrope war ganz versunken; wie eine liebevolle Mutter sang sie ihrem Baby vor:

»Kleines braunes Jesuskind,
schlaf mir ein geschwind,
wenn du schreist, wird Mammi bös.
Pappi Joseph sägt Holz im Stall,
und der liebe Gott macht schön Wetter!
Schlaf mir, braunes Jesuskind,
sonst haut dich deine Mammi . . .
haia-humm, haia-humm . . .«

Die Stimme wurde leiser. Heliotrope warf mir einen Blick zu, einen energischen; er bedeutete Vorhang.

Ich ließ den Vorhang langsam herunter. Fünf Sekunden herrschte völlige Stille, dann brach wildes Beifallsgetöse aus. Ich flog auf die Bühne und fing Heliotrope auf. Sie kicherte verrückt und umschlang mich wie ein Affe mit Armen und Beinen.

»Warum weinen Sie denn, Miß?«

»Schreib's mir auf, das Lied! Hörst du?«

Ich spürte, wie sie leblos wurde. Dann fiel's mir ein. Sie war eine »Zurückgebliebene«. Das Schreiben war ihr Strafe und Qual.

»Nein, Dummchen! Es gefällt mir ja, dein Lied! Du sagst mir die Worte, und ich schreibe es selber auf.«

Am anderen Morgen wollte mich Heliotropes Mutter sprechen. Es war eine ernste kleine Frau, und sie war sehr ärgerlich. Sie verbat es sich, daß ich ihrer Tochter Trinidad-Lieder beibrächte. Sie sagte, ihre Tochter solle fein erzogen werden, nach der englischen Mode . . .

Joan O'Donovan

3. KAPITEL

Morgen, Kinder,
wird's was geben

Traumbescherung

Ich hab' mir was ausgedacht,
Daß mir aber keiner lacht!
Dieses Jahr zur Weihnachtszeit,
Da beschenk' ich weit und breit,
Alle Leut – ihr glaubt es kaum?
Jeder kriegt von mir 'nen Traum:
Raben, die Trompete blasen,
Bring' ich mit, karierte Hasen,
Eine Fuhre Gummibärchen,
Dreizehn Flaschen voller Märchen,
Bäume, die spazierengehen,
Stunden, die ganz stillestehen,
Hunde, die sich reiten lassen,
Frisch gebrat'nes Eis in Massen,
Schnelle Autos für die Kinder,
Einen Zauber-Wunsch-Zylinder,
Extra-Väter, nur zum Spielen,
Bälle, die von selber zielen,
Eine Müllkippe zu Hause,
Und 'ne Limonadenbrause,

Betten, die im Dunkeln fliegen,
Masern, die wir niemals kriegen,
Sommerschnee auf Rodelwiesen,
Aufblasbare bunte Riesen,
Feuerchen, die knisternd brennen,
Mütter, die nicht schimpfen können,
Badeseen an den Ecken,
Lutschbonbons so lang wie Stecken,
Schulen, nur zum Lachenlernen,
Flugzeugtaxis zu den Sternen,
Sofas, um drauf rumzuspringen,
Lieder, sie sich selber singen,
Pulver zum Unsichtbarmachen,
Ein paar kleine, zahme Drachen,
Katzen, die auf Rollschuh'n rennen,
Morgenstunden zum Verpennen,
Wände, um sie anzumalen,
Nüsse ohne harte Schalen,
Einen Löwen zum Liebkosen,
Und statt Ärger rote Rosen.
Hier ist die Bescherung aus.
Sucht für euch das Beste raus!

Gina Ruck-Pauquèt

Schildkrötengeschichte

Es war der 24. Dezember, und es schneite. Gleichmütig und gleichmäßig fiel der Schnee. Er fiel auf die Fabrik für künstliche Blumen, und sein frisches Weiß gab dem häßlichen Backsteinhaus etwas beinahe Heiteres. Er fiel auf die Villa des Fabrikanten, deren eckige Fassade er mit gefälligen Rundungen versah, und er fiel auf das Einfamilienhaus des Werkmeisters, aus dem er ein drolliges Zuckerhäuschen machte.

In den Hallen der Fabrik war um diese Zeit keine Menschenseele. Ein mißglücktes Veilchen aus Draht und Wachs sinnierte im Kehrichteimer vor sich hin, eine eiserne Tür zum Hof bewegte sich quietschend in den ausgeleierten Scharnieren.

In der Villa nebenan telefonierte die Gnädige zum viertenmal aufgeregt mit der Tierhandlung wegen der bestellten Schildkröte.

Im Einfamilienhaus schrieb das jüngste der elf Kinder, die kleine Sabine, zum viertenmal ihren Wunschzettel: »*Lihber Weihnachtsman ich möchte, eine schildkröte hahben deine Sabine.*«

Die Gnädige erwartete die Schildkröte zur Suppe. Sabine erwartete sie als Spielgefährtin. Und der Zufall in Gestalt eines Botenjungen sprach die Schildkröte derjenigen zu, die sie verdiente.

Hier muß endlich bemerkt werden, daß die Villa und das Einfamilienhaus eine Kleinigkeit gemeinsam hatten: das Namensschild an der Tür. Auf beiden Schildern las man »Karl Moosmann«. Zwar las man bei dem Fabrikanten einen Buchstaben mehr, nämlich »Karl F. Moosmann«. Aber für derlei feine Unterschiede haben Zufälle und Botenjungen kein Auge.

So kam es, daß die Schildkröte nicht in die Villa, sondern in das Einfamilienhaus gebracht wurde, wo man sie freudig und arglos in Empfang nahm.

Vater Moosmann glaubte weder an Engel, die als Botenjungen verkleidet kommen, noch an die Gaben guter Feen. Aber er glaubte daran, daß die kleinen Wünsche kleiner Kinder manchmal erfüllt werden, ohne daß man erklären kann, wie. Deshalb freute er sich, als der Zufall seinen Glauben bestätigte.

Sabine erhielt das unerwartete Geschenk schon vor der Bescherung. Die erste Begegnung mit dem Tier verlief für beide Teile etwas unglücklich.

Die Schildkröte unterschied sich von der geliebten Bilderbuchschildkröte nämlich dadurch, daß sie zappelte, wenn man sie aufhob, und daß sie bei ungeschickter Berührung sogar fauchte. Das irritierte Sabine so heftig, daß sie das Tier fallen ließ. Zum Glück fiel es nicht tief. Sabine maß noch keinen Meter.

Das Mädchen konnte vor Schreck nur »plumps« sagen. Doch dann hob sie das Tier trotz der strampelnden Beine

wieder auf, streichelte den hell- und dunkelbraun geschupp-
ten Panzer und sagte: »Armer Plumps!«

Und damit war das Tier getauft. Aus einer beliebigen
Schildkröte war sie zu einer bekannten geworden, zur
Schildkröte Plumps Moosmann.

Indessen telefonierte die Gnädige, die Frau Moosmann
aus der Villa, zum fünftenmal mit der Tierhandlung, und
ihre Stimme kippte zuweilen ein bißchen über: » . . . ist doch
großer Unfug. Wie kann sie hier sein, wenn niemand sie
gebracht hat? . . . Bitte? . . . Nein, Schildkrötensuppe! . . .
Was sagten Sie? . . . Die letzte? Das wird ja immer heiterer!
Ich habe sie doch zeitig genug bestellt! . . . Ist denn der Bote
noch nicht zurück? . . . Wie? . . . Also dann rufe ich in einer
halben Stunde noch einmal an. Adieu!«

Der Hörer fiel scheppernd in die Gabel und die Gnädige in
einen Sessel. Erst jetzt bemerkte sie, daß ihr Sohn Alexander in der Tür stand.

»Bekomme ich auch eine Schildkröte zu Weihnachten,
Mama?«

»Die Schildkröte ist für die Suppe, Alex! Vater wünscht
sich eine echte Mockturtlesuppe zum Fest!«

Alexander zog eine Schnute, die ihm reizend stand, und
wollte abziehen. Aber er besann sich anders, drehte sich
noch einmal um und äußerte betont beiläufig: »Sabines
Schildkröte heißt Plumps. Sie wird nicht zu Mockturtlesuppe verarbeitet.«

Dann wollte er endgültig gehen. Aber diesmal hielt die
Mutter ihn zurück.

»Was ist das für eine Schildkröte, von der du sprichst,
Alex?«

»Sabine hat heute nachmittag eine Schildkröte zu Weihnachten bekommen. Sie weiß nicht, von wem. Sie heißt Plumps.«

»Heute nachmittag, sagst du? Warte, bitte!«

Zum sechstenmal an diesem Nachmittag telefonierte Frau Moosmann, die von der Frau Moosmann nebenan die Gnädige genannt wird, mit der Tierhandlung. Der Bote war gerade zurückgekommen und berichtete, daß er das Tier bei Karl Moosmann abgeliefert habe. Damit war die Sache klar: Sabine hatte versehentlich die Schildkröte bekommen, die in die Villa bestellt war. Also wurde Alexander ins Nachbarhaus geschickt, um den Irrtum aufzuklären und die Schildkröte herüberzuholen.

Die Moosmannkinder nebenan waren allesamt rothaarig. Das Rot ihrer Schöpfe reichte vom blassen Gold bis fast zum Zinnober. Sie waren gerade dabei, sich für die Bescherung umzuziehen, als Alexander herübergestürmt kam. So traf der Bub nur Mieze, die Älteste, die in der Küche stand und kochte. Die kleine Sabine bemerkte er nicht; denn sie hockte mit ihrer Schildkröte hinter der halboffenen Küchentür.

»Du, Mieze, es ist unsere Schildkröte!« schrie er ohne jede Einleitung. »Wir brauchen sie für die Mockturtlesuppe. Der Bote hat sie aus Versehen zu euch gebracht!«

»Mockturtlesuppe kocht man aus Kalbsköpfen und nicht aus Schildkröten«, bemerkte Mieze, denn sie besuchte eine Kochschule.

»Trotzdem ist es unsere Schildkröte. Wo ist sie?«

Mieze zuckte mit den Schultern und schielte unauffällig zur Küchentür. Aber weder Sabinchen noch die Schildkröte waren zu sehen. Sie gab Alexander den Rat, im ersten Stock nachzuforschen.

Im Mädchenzimmer des ersten Stocks fingen vier Moosmannmädchen bei Alexanders Eintritt zu kreischen an. Sie probierten gerade drei gewaltige Petticoats. Das belustigte Alexander. Aber die Schildkröte fand er hier nicht.

Im Jungenschlafzimmer spielte er mit drei Moosmannbuben Domino. Das war aufregend. Aber die Schildkröte hatte er noch immer nicht.

Auf der Treppe lief er dem alten Moosmann in den Weg, der schon von der Verwechslung gehört hatte und die Stirn krauste. »Wenn die Schildkröte euch gehört, muß Sabine sie zurückgeben«, meinte er. »Es gibt ja noch mehr Schildkröten auf der Welt. Sag deiner Mutter, wir brächten das Tier, sobald wir Sabine gefunden haben.«

Alexander raste mit dieser Nachricht in die Villa zurück, und zehn Moosmannkinder suchten Sabine mit ihrer Schildkröte.

Eine Stunde später suchte man das Schwesterchen immer noch. Schließlich wurde Mieze in die Fabrikantenvilla geschickt, um nachzuforschen, ob Sabine vielleicht schon dort sei. Aber auch dort war das Mädchen nicht.

Erst jetzt begriff Mieze, was geschehen war: Sabine hatte die Unterhaltung in der Küche belauscht und sich mit ihrer Schildkröte irgendwo versteckt, um das Tier behalten zu können. Aber wo steckte das Kind?

Mieze erzählte der Gnädigen von ihrer Vermutung und fügte hinzu: »Echte Mockturtlesuppe wird übrigens aus Kalbskopf hergestellt, obwohl man sie fälschlich auch Schildkrötensuppe nennt.«

»Sind Sie ganz sicher?« fragte die Gnädige.

»Ganz sicher«, antwortete Mieze. »Ich besuche einen Kochkurs. Außerdem können Sie es in jedem Lexikon nachlesen.«

»Danke für die Belehrung, mein Kind«, erwiderte die Gnädige. »Unter diesen Umständen erlaube ich Sabine, die Schildkröte zu behalten.«

»Vorausgesetzt, wir finden Sabine«, sagte Mieze und verließ die Villa.

Draußen schneite es noch immer. Es dunkelte schon, und die Stunde der Bescherung rückte näher. Aber im Haus der Moosmannkinder zeigte sich keine Sabine. Hin und wieder kam Alexander von der Villa herüber und fragte, ob das Mädchen gefunden sei. Aber er kehrte jedesmal ergebnislos zu seiner Mama zurück.

Gegen halb fünf zog die Gnädige ihren Pelzmantel an und ging selbst ins Nachbarhaus. Obschon sie für die heillose Verwechslung nichts konnte, fühlte sie eine Art Mitschuld.

Mutter Moosmann saß als ein Häufchen Elend in der Küche. Vater Moosmann donnerte sinnlose Befehle ins Haus und scheuchte seine Kinder in die entferntesten Winkel.

In diesem Wirrwarr verwandelte sich die nervöse Aufregung der Gnädigen plötzlich in erstaunliche Tatkraft.

»Frau Moosmann, bereiten Sie die Bescherung vor!« sagte sie in so entschiedenem Ton, daß Mutter Moosmann wirklich aufstand und sich am Küchentisch zu schaffen machte.

»Glauben Sie, wir finden Sabine?« Mutter Moosmann schluckte bei der Frage.

»Wir werden sie alle zusammen suchen«, antwortete die Gnädige. »Und ich bin sicher, wir finden sie.«

Unter Leitung der Gnädigen begann eine planmäßige Suche durch das ganze Haus, an der sich Vater Moosmann merkwürdig widerspruchslos beteiligte. Der Kloß in seiner Kehle wurde immer kleiner, als er eine Aufgabe hatte.

Aber der Kloß wuchs zur alten Größe an, als nach einer

halben Stunde das Ergebnis der Suche feststand: Sabine war nicht im Haus.

Jetzt war die Gnädige nicht mehr so zuversichtlich wie zuvor. Aber sie zwang sich, es niemanden merken zu lassen.

»Sabine hat das Haus verlassen«, stellte sie mit betont sachlicher Stimme fest. »Wir müssen die ganze Nachbarschaft durchkämmen. Ich habe einen Mann, einen Sohn und zwei Dienstboten. Die werden mitsuchen. Jeder bekommt ein Revier. Ich übernehme die Fabrik.«

Zunächst wurde von der Villa aus mit der Polizei telefoniert. Aber die hatte kein Mädchen mit Schildkröte aufgegriffen. Immerhin wollte sie die Augen offenhalten.

Dann schwärmte man, einschließlich Fabrikant und Hausmädchen, nach einem genau durchdachten Plan unter dem wirbelnden Schnee in die Häuser und Gassen der Nachbarschaft aus.

Die Gnädige schritt entschlossen in den Hof der Fabrik und entdeckte hier eine weit offenstehende Eisentür.

Als sie durch die Tür in die Fabrik trat und das Licht einschaltete, hörte sie aus einer entfernten Ecke der riesigen Halle eine Art leises Quieken. Sie wandte den Kopf und entdeckte rechts hinten in der Ecke ein ganz in sich zusammengekrümmtes Geschöpfchen: Sabine.

»Aber Kind, was machst du denn da?« Ihre Stimme hallte kalt und fremd durch den Raum.

»Du kriegst die Schildkröte nicht!« schrie das Mädchen. »Plumps gehört mir!«

Erst jetzt bemerkte die Gnädige, daß Sabine auf dem Kehrichteimer hockte und die Schildkröte auf dem Schoß hatte.

Sie schritt quer durch die Halle auf das Mädchen zu, das

jetzt noch mehr in sich zusammenkroch und ihr mit großen, ängstlichen Augen entgegensah.

»Du kannst die Schildkröte behalten, Sabine. Ich brauche sie nicht mehr.«

Das Kind umklammerte die Schildkröte. Ihre Augen verrieten Zweifel.

Die Gnädige war verwirrt und wiederholte: »Du kannst die Schildkröte behalten!«

Als sie fast vor Sabine stand, rief das Mädchen: »Du lügst! Du willst Suppe aus ihr kochen! Aber man kann die Suppe auch aus Kalbsköpfen kochen, sagt Mieze.«

Jetzt mußte die Gnädige lachen. »Du hast recht«, gab sie zu. »Die Suppe, die ich kochen will, macht man aus Kalbskopf. Deshalb brauche ich überhaupt keine Schildkröte.«

»Schwöre, daß es meine Schildkröte ist!«

Halb befremdet, halb belustigt, legte die Gnädige eine Hand auf das Herz, hob die andere zum Schwur und versicherte feierlich: »Ich schwöre, daß die Schildkröte mit Namen Plumps der Sabine Moosmann gehört.«

»Jetzt glaube ich dir.« Das Mädchen stand auf, setzte die Schildkröte zu Boden und sagte: »Nun zeige ich dir, wie schnell Plumps laufen kann.«

»Zeig es mir später, Sabine. Wir müssen heim. Ich glaube, du hast dich erkältet. Und Plumps muß auch in die Wärme zurück. Die meisten Schildkröten halten nämlich um diese Zeit ihren Winterschlaf.«

»Weiß ich«, sagte Sabine mit Kennermiene. »Ich muß eine Kiste mit Torf für Plumps besorgen.«

Plötzlich begann die Schildkröte heftig mit den Beinen zu strampeln, und Sabine fing an zu niesen. Da ergriff die Gnädige entschlossen die freie Hand des Mädchens und ging mit ihr durch den fallenden Schnee hinüber zum Haus der Moosmannkinder.

Unterwegs meinte Sabine: »Wenn du keine Suppe aus Schildkröten kochst, könntest du dir eigentlich eine Schildkröte zum Spielen anschaffen.«

»Geht nicht, Sabine. Plumps war die letzte Schildkröte in der Tierhandlung. Die anderen liegen im Winterschlaf.«

Das kleine Mädchen blieb plötzlich stehen, zögerte einen kurzen Augenblick, blickte die Schildkröte an, die sich unter ihren Panzer verkrochen hatte, und legte sie sanft der Gnädigen in den Arm. »Ich schenk' sie dir zu Weihnachten. Es gibt ja noch andere Schildkröten. Ich bestell' mir eine im Frühjahr.«

Die Gnädige sah verwirrt auf die Schildkröte, die auf dem weichen Pelz des Mantels vorsichtig den Kopf vorstreckte.

»Es gefällt ihr bei dir«, sagte Sabine.

»Trotzdem glaube ich, daß du mehr Zeit für die Schildkröte hast als ich, Sabine. Ich gebe dir das Geschenk zurück.«

Wieder wechselte das verschüchterte Tier den Besitzer.

Sabine strahlte. »Du hast recht«, meinte sie. »Ich kann mich mehr um Plumps kümmern als du. Außerdem ist sie ja schon an mich gewöhnt. Du bist viel netter, als ich dachte. Vielen, vielen Dank und fröhliche Weihnachten.«

Die Gnädige schluckte ein bißchen und sagte: »Fröhliche Weihnachten, Sabine!«

Dann wanderten sie Hand in Hand weiter und wurden bald von den Flocken verdeckt, die gleichmäßig und gleichmütig auf Gerechte wie auf Ungerechte fielen.

James Krüss

Der Kahlkopf

»Nimm doch nicht immer die dreckige Puppe mit ins Bett«, sagte die Mutter zu Evi.

»Meine Anita«, sagte Evi, »ist keine dreckige Puppe. Meine Anita ist lieb.«

»Aber sie ist wirklich unappetitlich«, sagte die Mutter. »Schau dir doch das Gesicht an und die Haare!«

Wenn man die Puppe Anita betrachtete, einfach nur so, ohne sie lieb zu haben, mußte man es zugeben: Schön war sie nicht. Ihre Backen waren vom vielen Waschen und Abküssen grau und löchrig geworden. Sie hatte keine richtige Nase mehr, nur einen schmutzigen Knubbel, und von ihrem braunen Haar war gerade noch ein spärlicher Rest übriggeblieben.

Evi störte das nicht, aber Evis Mutter fing immer wieder davon an. »Willst du dir nicht zu Weihnachten eine neue Puppe wünschen?« fragte sie.

Evi drückte ihre Anita an sich und sagte: »Nein!«

»Ich weiß noch was anderes«, sagte die Mutter. »Wir bringen Anita in eine Puppenklinik, da bekommt sie neues Haar und eine neue Nase.«

Evi wehrte sich. Sie wollte Anita nicht fortgeben.

Aber eines Tages sagte ihr älterer Bruder Alex etwas Gräßliches, etwas ganz Gemeines. Er sagte: »Deine Puppe ist ein räudiger Kahlkopf!«

Evi brach in Tränen aus. Und dann betrachtete sie ihre Anita zum ersten Mal mit prüfenden Augen: Es stimmte! Anitas Gesicht war abgeblättert und fleckig, und sie war wirklich fast kahl.

Da rannte Evi zu ihrer Mutter.

»Glaubst du«, schluchzte sie, »daß sie in der Puppenklinik auch wirklich gut sind zu meiner Anita?«

»Aber natürlich«, beruhigte sie die Mutter.

»Dann bring sie halt . . . meinetwegen . . .« sagte Evi.

Gleich am nächsten Tag ging die Mutter in die Puppenklinik. Es war die einzige in der Stadt, denn es gab nicht mehr viele Leute, die eine Puppe reparieren ließen.

Der Mann in der Puppenklinik untersuchte Anita und sagte dann: »Da ist nicht mehr viel zu retten. Sie müßte einen ganz neuen Kopf bekommen. Die Arme und Beine müßten auch erneuert werden.« Er legte der Mutter verschiedene Puppenköpfe vor, aber es war keiner dabei, der aussah wie Anita.

»Außerdem«, sagte der Mann, »kostet die Reparatur mehr als eine ganz neue Puppe.«

Evis Mutter suchte nun in allen Spielwarengeschäften nach einer Puppe, die der alten Anita wenigstens annähernd ähnlich war. Schließlich kaufte sie eine, die genausogroß war und genau die gleichen braunen Haare hatte. Sonst sah die neue allerdings ein bißchen anders aus, aber sie war ganz reizend und hatte ein abwaschbares Gesicht.

Als die Mutter mit der alten und der neuen Anita zu Hause

ankam, war Evi noch im Kindergarten. Aber Alex war schon von der Schule zurück und entdeckte die Schachtel in Mutters Einkaufstasche.

»Aha«, sagte er, »Weihnachtseinkauf.«

»Eine neue Puppe für Evi«, antwortete die Mutter. »Sie darf es aber nicht wissen. Sie soll denken, es ist ihre Anita.«

»Aha«, sagte Alex, »Weihnachtsschwindel.«

»Sei nicht so frech«, sagte die Mutter. »Für Evi ist es so am allerbesten.«

»Laß ihr doch ihren räudigen Kahlkopf«, sagte Alex.

Die Mutter verstaute die Schachtel mit der neuen Puppe im Wäscheschrank. »Ich bin ja froh, daß das vergammelte Ding aus dem Haus kommt.« Sie warf Alex die Plastiktüte mit der alten Anita zu. »Da«, sagte sie, »steck sie in die Mülltonne – aber ein bißchen tiefer nach unten.«

Alex wog die Plastiktüte in der Hand, dann pfiff er leise vor sich hin und ging aus dem Zimmer.

Seitdem Anita verschwunden war, fragte Evi jeden Tag nach ihr. »Ist meine Anita noch in der Puppenklinik? Ist der Mann nett zu ihr? Hat sie auch kein Heimweh? Bekomme ich sie bestimmt an Weihnachten wieder?«

Und die Mutter antwortete immer: »Ja, Evi. Ganz gewiß, Evi. Mach dir keine Sorgen, Evi.«

Zum Weihnachtsabend zog Evis Mutter der neuen Puppe Anitas rotes Kleid an und setzte sie unter den Christbaum. Mit dem roten Kleid, fand die Mutter, sah sie Anita wirklich ähnlich.

Als sie dann aber Evi die Puppe entgegenhielt und sagte: »Schau doch nur, wie hübsch deine Anita geworden ist!«, da wich Evi zurück und verschränkte ihre Hände auf dem Rücken.

»Nein!« stieß sie hervor. »Das ist nicht meine Anita!« Sie starrte die neue Puppe entsetzt an. »Ich will meine Anita . . . meine Anita will ich . . . meine Anita!« Und dann begann sie zu weinen, ganz leise und ohne aufzuhören.

Das hatte die Mutter nicht erwartet. Sie versuchte, Evi zu beschwichtigen. Sie zeigte ihr andere Geschenke, führte sie vor den Weihnachtsbaum, aber Evi hielt die Augen gesenkt. Sie wollte nichts hören und keine Geschenke sehen.

»Anita«, klagte sie. »Wo habt ihr meine Anita?«

Da sagte Alex: »Wenn die nicht ihren räudigen Kahlkopf zurückbekommt, verdirbt sie uns das ganze Weihnachtsfest.«

»Aber . . .« stammelte die Mutter, »du hast sie doch . . .«
»Denkste!« sagte Alex.

Er lief in sein Zimmer und kam mit einer Plastiktüte zurück; die drückte er Evi in die Hände.

»Anita!« schrie Evi und zog ihre alte zerzauste Puppe aus der Tüte.

Alex grinste. »Und was«, fragte er, »machst du jetzt mit der neuen Puppe?«

»Die?« sagte Evi, »die verschenke ich. An ein ganz fremdes Kind.«

»An ein ganz fremdes Kind?« wiederholte Alex. »Ach so, klar! Das darf natürlich nicht wissen, was für eine tolle Puppe dein Kahlkopf ist.«

Tilde Michels

Die Geschichte vom Weihnachtsbraten

Einmal fand ein Mann am Strand eine Gans.

Tags zuvor hatte der Novembersturm getobt. Sicher war sie zu weit hinausgeschwommen, dann abgetrieben und von den Wellen wieder an Land geworfen worden.

In der Nähe hatte niemand Gänse. Es war eine richtige weiße Hausgans.

Der Mann steckte sie unter seine Jacke und brachte sie seiner Frau: »Hier ist unser Weihnachtsbraten.«

Beide hatten noch niemals ein Tier gehabt, darum hatten sie auch keinen Stall. Der Mann baute aus Pfosten, Brettern und Dachpappe einen Verschlag an der Hauswand. Die Frau legte Säcke hinein und darüber einen alten Pullover. In die Ecke stellte sie einen Topf mit Wasser.

»Weißt du, was Gänse fressen?« fragte sie.

»Keine Ahnung«, sagte der Mann.

Sie probierten es mit Kartoffeln und mit Brot, aber die Gans rührte nichts an. Sie mochte auch keinen Reis und nicht den Rest vom Sonntagsnapfkuchen.

»Sie hat Heimweh nach anderen Gänsen«, sagte die Frau.

Die Gans wehrte sich nicht, als sie in die Küche getragen

wurde. Sie saß still unter dem Tisch. Der Mann und die Frau hockten vor ihr, um sie aufzumuntern.

»Wir sind eben keine Gänse«, sagte der Mann. Er setzte sich auf seinen Stuhl und suchte im Radio nach Blasmusik.

Die Frau saß neben ihm am Tisch und klapperte mit den Stricknadeln. Es war sehr gemütlich. Plötzlich fraß die Gans Haferflocken und ein wenig vom Napfkuchen.

»Er lebt sich ein, der liebe Weihnachtsbraten«, sagte der Mann.

Bereits am anderen Morgen watschelte die Gans überall herum. Sie streckte den Hals durch offene Türen, knabberte an der Gardine und machte einen Klecks auf den Fußabstreifer.

Es war ein einfaches Haus, in dem der Mann und die Frau wohnten. Es gab keine Wasserleitung, sondern nur eine Pumpe. Als der Mann einen Eimer voll Wasser pumpte, wie er es jeden Morgen tat, ehe er zur Arbeit ging, kam die Gans, kletterte in den Eimer und badete. Das Wasser schwappte über, und der Mann mußte noch einmal pumpen.

Im Garten stand ein kleines Holzhäuschen, das war die Toilette. Als die Frau dorthin ging, lief die Gans hinterher und drängte sich mit hinein. Später ging sie mit der Frau zusammen zum Bäcker und in den Milchladen.

Als der Mann am Nachmittag auf seinem Rad von der Arbeit kam, standen die Frau und die Gans an der Gartenpforte.

»Jetzt mag sie auch Kartoffeln«, erzählte die Frau.

»Brav«, sagte der Mann und streichelte der Gans über den Kopf, »dann wird sie bis Weihnachten rund und fett.«

Der Verschlag wurde nie benutzt, denn die Gans blieb jede Nacht in der warmen Küche. Sie fraß und fraß. Manchmal setzte die Frau sie auf die Waage, und jedesmal war sie schwerer.

Wenn der Mann und die Frau am Abend mit der Gans zusammensaßen, malten sich beide die herrlichsten Weihnachtsessen aus.

»Gänsebraten und Rotkohl, das paßt gut«, meinte die Frau und kraulte die Gans auf ihrem Schoß.

Der Mann hätte zwar statt Rotkohl lieber Sauerkraut gehabt, aber die Hauptsache waren für ihn die Klöße.

»Sie müssen so groß sein wie mein Kopf und alle genau gleich«, sagte er.

»Und aus rohen Kartoffeln«, ergänzte die Frau.

»Nein, aus gekochten«, behauptete der Mann. Dann einigten sie sich auf Klöße halb aus rohen und halb aus gekochten Kartoffeln. Wenn sie ins Bett gingen, lag die Gans am Fußende und wärmte sie.

Mit einem Mal war Weihnachten da.

Die Frau schmückte einen kleinen Baum.

Der Mann radelte zum Kaufmann und holte alles, was sie für den großen Festschmaus brauchten. Außerdem brachte er ein Kilo extrafeine Haferflocken.

»Wenn es auch ihre letzten sind«, seufzte er, »soll sie doch wissen, daß Weihnachten ist.«

»Was ich sagen wollte«, meinte die Frau, »wie, denkst du, sollten wir . . . ich meine . . . wir müßten doch nun . . .«

Aber weiter kam sie nicht.

Der Mann sagte eine Weile nichts. Und dann: »Ich kann es nicht.«

»Ich auch nicht«, sagte die Frau. »Ja, wenn es eine x-beliebige wäre. Aber nicht diese hier. Nein, ich kann es auf gar keinen Fall.«

Der Mann packte die Gans und klemmte sie in den Gepäckträger. Dann fuhr er auf dem Rad zum Nachbarn. Die Frau kochte inzwischen den Rotkohl und machte Klöße, einen genausogroß wie den anderen.

Der Nachbar wohnte zwar ziemlich weit weg, aber doch nicht so weit, daß es eine Tagesreise hätte werden müssen. Trotzdem kam der Mann erst am Abend wieder. Die Gans saß friedlich hinter ihm.

»Ich habe den Nachbarn nicht angetroffen, da sind wir etwas herumgeradelt«, sagte er verlegen.

»Macht gar nichts«, rief die Frau munter, »als du fort warst, habe ich mir überlegt, daß es den feinen Geschmack des Rotkohls und der Klöße nur stört, wenn man noch etwas anderes dazu auftischt.«

Die Frau hatte recht, und sie hatte ein gutes Essen. Die Gans verspeiste zu ihren Füßen die extrafeinen Haferflocken. Später saßen sie alle drei nebeneinander auf dem Sofa in der guten Stube und sahen in das Kerzenlicht.

Übrigens kochte die Frau im nächsten Jahr zu den Klößen zur Abwechslung Sauerkraut. Im Jahr darauf gab es zum Sauerkraut breite Bandnudeln. Das sind so gute Sachen, daß man nichts anderes dazu essen sollte.

Inzwischen ist viel Zeit vergangen.

Gänse werden sehr alt.

Margret Rettich

Janine feiert Weihnachten

Wann ist Weihnachten? Man sagt, am 24. Dezember, am 25. vielleicht. Das habe ich auch immer geglaubt, bis jene Geschichte passierte, die ich jetzt erzählen möchte. Seither bin ich nicht mehr so sicher.

Die Geschichte nahm ihren Anfang im Sommer des Jahres 1958 in einem kleinen Juradorf in der Schweiz. Das Juradorf war wirklich sehr klein – ein paar Häuser, ein Bäcker, zwei, drei Wirtschaften, eine kleine Schule, eine Kirche und ein paar Familien über die Hänge verstreut. Eine dieser Familien bestand aus einem jungen Ehepaar und einem achtjährigen Mädchen, nennen wir es Janine.

Janine war ein fröhliches Mädchen, aber in diesem Sommer begann sie zu kränkeln. Sie war immer müde, sie nahm nicht mehr an den Spielen ihrer Gefährtinnen teil. Sie begann Kopfweh zu haben, sie wollte morgens nicht mehr aufstehen. Sie war krank.

Zuerst schien die Sache nicht sehr besorgniserregend, aber nachdem Janine immer mehr zu klagen begann, ging die Mutter mit ihr zum Arzt des nächsten größeren Dorfes.

Der Arzt untersuchte Janine und kam der Krankheit nicht auf die Spur.

So fuhr die Mutter denn eines Tages im September mit Janine nach Basel und ließ das Kind von einem berühmten Professor an der Universitätsklinik untersuchen. Der Bescheid, den Janines Mutter bekam, war erschreckend. Janine hatte eine Blutkrankheit, gegen die es auch heute noch kein Mittel gibt. Der Professor gab Janine höchstens noch zwei Monate zu leben. Die Mutter war verzweifelt. Sie beschwor den Arzt, sie bat ihn, sie fragte, was sie tun könne. Und dem blieb nichts anderes übrig, als ihr zu sagen, was sie für Janine noch unternehmen könne, sei, ihr die letzten Wochen ihres Lebens so schön wie möglich zu machen.

Janines Eltern waren nicht reich, aber es ging ihnen auch nicht schlecht. Und sie beschlossen, für Janine zu tun, was immer nur zu tun sei: mit ihr zu reisen, ihr die Schweiz zu zeigen, die Welt zu zeigen, sie mit Geschenken zu überschütten.

Aber Janine wollte von alldem nichts wissen. Sie wollte nicht reisen, sie wollte keine Geschenke haben. Sie hatte nur einen einzigen Wunsch, und der war: Weihnachten zu feiern. Sie wollte Weihnachten haben, und zwar wunderschöne Weihnachten, wie sie sich ausdrückte. Weihnachten mit allem, was Weihnachten zu Weihnachten macht. Das war der einzige Wunsch, der Janine nicht zu erfüllen war.

Dezember rückte näher, der Vater wurde immer verzweifelter, und in seiner Verzweiflung vertraute er sich einem Freund, dem Lehrer des Dorfes, an. Zusammen kamen die Männer auf eine Idee.

Der Vater ging nach Hause, und mit gespielter Begeisterung erzählte er Janine, daß Weihnachten ausnahmsweise in diesem Jahr früher stattfinden werde, und zwar bereits am 2. Dezember.

Janine war ein gescheites Kind und glaubte die Geschichte zunächst nicht; das heißt, sie hätte sie gerne geglaubt, aber sie konnte das gar nicht fassen.

Nun, der Vater sagte, mit Ostern sei es ja auch so, und genauso sei es nun eben einmal mit Weihnachten. Die Idee schien dem Vater sehr gut; er hatte nur etwas dabei vergessen: Weihnachten ist ein Fest, das man nicht alleine feiern kann. Zu Weihnachten gehören die Weihnachtsvorbereitungen, das Packen der Päckchen, der Geschenke. Zu Weihnachten gehört als Vorbereitung, daß in den Geschäften die Geschenke ausgestellt sind, daß die Christbäume auf dem Dorfplatz aufgerichtet werden. Zu Weihnachten gehört die ganze Zeit vor Weihnachten, und zu Weihnachten gehört vor allem, daß alle es feiern.

Der nächste im Dorf, der ins Vertrauen gezogen wurde, war der Bäcker. Und der Bäcker beschloß, seine Lebkuchenherzen dieses Jahr schon früher zu backen. Er beschloß auch, sein berühmtes Schokoladenschiff, das er jedes Jahr ausstellte, dieses Jahr schon früher ins Fenster zu stellen und aus den Schloten des Schiffes die Watte dampfen zu lassen. Und nun begannen auch die anderen Geschäftsleute des Dorfes, die sich zunächst gesträubt hatten – denn Weihnachten ist für viele nicht nur ein Fest, sondern eben auch ein Geschäft –, ihre Weihnachtsvorbereitungen zu treffen.

Der Plan setzte sich immer mehr in den Köpfen der Leute des kleinen Juradorfes fest. In der Schule wurde gebastelt, im Kindergarten wurde gebastelt. Den Kindern wurde eingeschärft, daß Weihnachten dieses Jahr früher sei als in anderen Jahren, und es wurde überall gemalt und gebacken.

Die Hausfrauen machten mit, die Väter gingen auf den Dachboden, holten die Lokomotiven und die Eisenbähnchen und begannen sie neu zu bemalen oder auszubessern. Die Puppen wurden in die Puppenklinik gebracht.

In dem kleinen Dorf setzten schon Mitte November ganz große Weihnachtsvorbereitungen ein. Der letzte Widerstand, der zu überwinden war, war der des Pfarrers: Konnte er denn die ganze Weihnachtsliturgie vorwegnehmen?

Er konnte es. Er setzte Weihnachten für den 2. Dezember fest.

Der 2. Dezember kam, und es wurde ein wundervolles Weihnachten für Janine, ein Weihnachtsfest wie in all den anderen Jahren. Die Sternsinger kamen, verteilten ihre Lebkuchen, ihre Nüsse, ihre Birnen, und sogar aus dem Radio kam weihnachtliche Musik, kam »O du fröhliche«, kamen die Schweizer Weihnachtslieder. Und daran war nicht das Radio schuld, daran war ein kleiner Elektriker im Dorf schuld, der eine direkte Leitung in das Haus Janines gelegt hatte und vom Nebenhaus her Platten abspielte, deren Musik nun direkt aus dem Lautsprecher kam.

Es war ein wundervolles Weihnachtsfest, und zwei Tage später starb Janine. Am 24. Dezember 1958 wurde in diesem kleinen Juradorf nicht mehr Weihnachten gefeiert.

Werner Wollenberger

Die Weihnachtsmäuse

Im Haus der Familie Horvath gab es einen kleinen Raum, den alle Familienmitglieder »Speisekammer« nannten. Aber eigentlich war er mehr ein Abstellraum, ein Besenkammerl. Früher, zu Großvaters Zeiten, als es noch keine Kühlschränke gab, war er eine richtige Speisekammer gewesen. Nun waren die Regale der Speisekammer mit leeren Flaschen, alten Schuhen, vergilbten Zeitungen, leeren Kartons und anderem Krimskrams gefüllt. Nur in einem Fach stand noch eine lange Reihe von Marmeladegläsern.

Im Dezember, als die Tage und Nächte immer kälter geworden waren, hatten sich zwei Hausmäuse vom Dachboden in dieser Speisekammer einquartiert. Die Kälte hatte sie heruntergetrieben. Irgendwie hatten sie einen Weg in die Speisekammer gefunden. Wie – das wußten nur die Mäuse selber. Für Menschen wird es ewig unverständlich bleiben, wie Mäuse in geschlossene Räume eindringen können. Das ist das große Geheimnis des Mäusevolkes!

In der Speisekammer war es viel angenehmer als auf dem zugigen Dachboden, denn sie lag direkt neben dem geheizten Wohnzimmer. Die beiden Mäuse bauten sich ein wei-

ches, bequemes Nest in dem Karton mit Weihnachtsschmuck, und es gefiel ihnen recht gut in ihrer neuen Um-
gebung. Der Speisezettel ließ zwar zu wünschen übrig – die
Mäuse konnten nur Marmelade essen – aber sie hatten es
warm, und das war ihnen für den Augenblick das Wichtig-
ste.

Doch dann trat ein Ereignis ein, das den beiden Hausmäu-
sen wie ein Wunder vorkam! Einige Tage vor Weihnachten
buk Mutter Horvath große Mengen von Weihnachtsbäckerei. Drei volle Teller mit den verschiedensten Köstlichkeiten
stellte sie in das Regal in der Speisekammer. Als sie die Tür
hinter sich geschlossen hatte, kamen die Mäuse aus ihrem
Versteck hervor und begannen nach Herzenslust, die fri-
schen Bäckereien zu benagen. Und wie hungrig sie waren!
Sie konnten beinahe nicht mehr aufhören zu essen. Während die Mäuse bei ihrem Mahl saßen, öffnete sich plötzlich
ganz, ganz leise die Speisekammertür. Elisabeth, die neun-
jährige Tochter der Horvaths, schlich herein. Sie wollte
nämlich an den Bäckereien naschen und war deswegen so
leise, weil es ihr die Mutter verboten hatte. Natürlich –
Weihnachtsbäckerei ist für Weihnachten und für die Feiertage danach bestimmt!

Die beiden Hausmäuse bemerkten Elisabeth nicht sofort,
und so konnte sie das Mädchen einige Augenblicke lang
beobachten. Dann allerdings spürten die Mäuse die Anwe-
senheit des Menschen und huschten gedankenschnell in ihr
Versteck. Elisabeth war entzückt von dieser seltenen Beob-
achtung. »Ihr braucht keine Angst zu haben, Mäuse!« flüsterte sie. »Ich tue euch nichts. Ich werde auch nicht verraten, daß ihr genascht habt!« Elisabeth guckte vorsichtig
hinter die Kartons, aber von den Mäusen war nichts mehr

zu sehen. Nicht einmal eine Schwanzspitze. Da hörte sie die Mutter ihren Namen rufen, und Elisabeth verließ rasch die Speisekammer.

In den darauffolgenden Tagen besuchte Elisabeth mindestens zehnmal die Speisekammer. Sie tat es heimlich, wenn Mutter gerade in der Küche beschäftigt war. Die Mäuse sah das Mädchen nicht mehr, aber es bemerkte mit Wohlwollen, daß weitere Bäckereien benagt worden waren. »Ich werde euch ein bißchen Wurst und Käse bringen«, sagte Elisabeth einmal. »Von den vielen Süßigkeiten verderbt ihr euch sonst den Magen.«

Und dann war der 24. Dezember da! Am Nachmittag besuchte Elisabeth ihre Freundin, die drei Häuser weiter wohnte, während ihre Eltern den Weihnachtsbaum schmückten.

Als Elisabeth gegen Einbruch der Dunkelheit nach Hause kam, stand bereits der Christbaum in all seiner Pracht auf dem Tisch im Wohnzimmer.

»Stell dir vor, Lisi«, sagte die Mutter, »in der Speisekammer sind Mäuse! Sie haben unsere gute Weihnachtsbäckerei angefressen. Ich mußte viel davon wegwerfen. Vater hat bereits einige Mausefallen aufgestellt.«

»Nein!« rief Elisabeth heftig. »Das dürft ihr nicht tun! Das ist gemein von euch!«

Mutter machte ein bestürztes Gesicht.

»Aber Lisi!« rief sie.

Elisabeth lief in die Speisekammer und stieß mit einem Besenstiel die Mausefallen aus dem Regal. Sie hatte Tränen in den Augen und war sehr wütend.

Vater kam in das Zimmer. »Was ist denn hier los?« fragte er, als er seine zornige Tochter sah.

»Ich weiß nicht«, sagte die Mutter ein bißchen hilflos. »Ich verstehe das nicht.«

Elisabeth gab den Mausefallen Tritte. Nun heulte sie drauflos.

Vater begann schön langsam zu begreifen. »Aber Lisi«, sagte er, »es ist doch nichts Ungewöhnliches, daß man Mäusefallen aufstellt, wenn Mäuse im Haus sind. Mäuse sind üble Schädlinge!«

»Diese nicht!« heulte Elisabeth. »Sie haben bloß Hunger . . . und . . . und sie sind genauso von Gott erschaffen . . . alle Tiere sind das . . . und heute ist doch Weihnachten . . .«

Mutter und Vater sahen sich betroffen an.

»Beruhige dich, mein Sonnenscheinchen«, sagte Vater milde und drückte Elisabeth an sich. »Du hast ja recht . . . Weißt du was? Gleich morgen früh werden wir die Mäuse gemeinsam suchen. Wir geben sie in eine Schachtel und tragen sie in die Scheune. Dort haben sie es viel schöner als in der muffigen Speisekammer. Im Stroh ist es warm, und dort finden sie auch viele Getreidekörner, so daß sie nicht hungern müssen. Einverstanden?«

Elisabeth schluchzte, aber schließlich nickte sie. Mutter drehte seufzend die Augen zum Himmel. Aber sie lächelte dabei.

Der Abend war gerettet, und es wurde noch ein schönes Weihnachtsfest. Unter den vielen Geschenken, die Elisabeth bekam, befanden sich auch eine kleine Puppenküche und ein Puppenschlafzimmer. Elisabeth war glücklich.

Als die Familie Horvath schlafen gegangen war und im Haus alles still war, kamen die zwei Mäuse aus der Speisekammer in das Wohnzimmer geschlichen. Die Horvaths

hatten nämlich vergessen, die Speisekammertür zu schlie-
ßen.

Die Hausmäuse schnupperten. Zweierlei rochen sie: Wür-
zigen Tannennadelduft vom Christbaum, und, etwas feiner,
die Weihnachtsbäckerei, die auf dem Tisch unter dem Baum
stand. Beide Düfte gefielen ihnen außerordentlich, und sie
kletterten auf den Tisch und aßen sich noch einmal satt.
Dann huschten sie durch das Wohnzimmer, berochen dies
und jenes und schlüpften schließlich in Elisabeths Zimmer.
Dort fanden die Mäuse in einer dunklen Ecke das Puppenschlafzimmer. Und weil sich das kleine Puppenbettchen so
einladend weich anfühlte, krochen sie hinein und waren
kurz darauf ebenfalls eingeschlummert ...

Erwin Moser

Es kommt ein Gast

Jesus ist gern unter Menschen, wenn sie Weihnachten feiern. Immerhin ist Weihnachten *sein* Geburtstag. So wählt er sich irgendein Haus, um dort mitzufeiern.

Um die Einsamen zu erfreuen, hat er sich nun einmal für die Wohnung zweier alter Schwestern entschieden. Es dämmert schon, als er an ihrer Tür klingelt.

Überglücklich lassen die Damen den seltenen Gast ein, und wer würde sie darum nicht beneiden? Nur ist leider noch nicht alles fertig für die Weihnachtsfeier. Man kennt das ja: bis zur letzten Minute gibt es hundert Vorbereitungen!

Jesus wird in die gute Stube geführt und soll nur noch ein bißchen warten. Jesus seufzt etwas, er kennt das allmählich, es geht ihm fast überall so. Er setzt sich in einen dunklen Winkel und wartet und beobachtet: Die Damen sind beim Friseur gewesen, um schön zu sein für das Fest. Aber dadurch ist die Zeit knapp geworden, weil so viele Damen Weihnachten zum Friseur gehen. Jetzt muß noch Lametta an den Tannenbaum gehängt werden. Das Telefon ist dauernd in Betrieb, jeder will jedem ein frohes Fest wünschen. Die Dame Jenny kommt zwischendurch mit dem Staubsauger, um einige Tannennadeln vom Teppich zu entfernen (sie hätten Jesus nicht gestört), während die Dame Lia geschwind die Festkleider noch einmal aufbügelt.

Beide trippeln immer wieder in die Küche, wo der Festputer schmort, für den nebenbei noch einige Zutaten hergerichtet werden müssen. Und plötzlich fällt es den Damen ein, daß sie ihre Geschenke in hübsches Papier einschlagen und mit Schleifchen zubinden müssen – aber wo ist das Papier und wo die Schere, und riecht es jetzt nicht angebrannt aus der Küche? Und: »Jenny, ruf Kusine Hedda noch mal an!« Und: »Ein Damasttuch muß auf den Tisch!« Und: »Lia, wir haben Nüsse vergessen, wir brauchen unbedingt noch Nüsse!« Ach, und schon wieder liegen Fusseln auf dem Boden; Punsch muß ja auch noch gebraut werden und . . .

Haben sie Jesus vergessen?

Als beide Damen verschwinden, um sich ganz rasch umzukleiden und schönzumachen, da steht Jesus auf und geht leise aus dem Haus.

Draußen wird es allmählich Nacht. Hinter vielen Fenstern brennen Lichter. Die Menschen stecken in hundert Vorbereitungen für seinen Geburtstag.

Und er ist wieder auf dem Weg.

Vielleicht zu euch . . .

Eva Rechlin

Das kleine Mädchen mit den Schwefelhölzchen

Es war entsetzlich kalt; es schneite und war beinahe schon ganz dunkel und Abend, der letzte Abend des Jahres.

In dieser Kälte und Finsternis ging auf der Straße ein kleines, armes Mädchen, mit bloßem Kopfe und nackten Füßen. Als sie das Haus verließ, hatte sie freilich Pantoffeln angehabt. Aber was half das? Es waren sehr große Pantoffeln gewesen, die ihre Mutter bisher benutzt hatte, so groß waren sie. Die Kleine aber verlor dieselben, als sie über die Straße weghuschte, weil zwei Wagen schrecklich schnell vorüberrollten. Der eine Pantoffel war nicht wiederzufinden, den anderen hatte ein Junge erwischt und lief damit fort.

Er meinte, er könne ihn recht gut als Wiege benutzen, wenn er selbst erst Kinder hätte.

Da ging nun das kleine Mädchen mit den kleinen, nackten Füßen, die ganz rot und blau vor Kälte waren. In einer alten Schürze trug sie eine Menge Schwefelhölzer und ein Bund davon in der Hand. Niemand hatte den ganzen langen Tag ihr etwas abgekauft. Niemand ihr einen Pfennig geschenkt.

Zitternd vor Kälte und Hunger schlich sie einher, ein Bild des Jammers, die arme Kleine!

Die Schneeflocken bedeckten ihr langes, blondes Haar, welches in schönen Locken um den Hals fiel; aber daran dachte sie nun freilich nicht.

Aus allen Fenstern glänzten die Lichter, und es roch ganz herrlich nach Gänsebraten: Es war ja Silvesterabend. Ja, daran dachte sie!

In einem Winkel, von zwei Häusern gebildet, von denen das eine etwas mehr vorsprang als das andere, setzte sie sich hin und kauerte sich zusammen. Die kleinen Füße hatte sie an sich gezogen; aber es fror sie noch mehr, und nach Hause zu gehen wagte sie nicht: Sie hatte ja keine Schwefelhölzchen verkauft und brachte keinen Pfennig Geld.

Von ihrem Vater würde sie gewiß Schläge bekommen, und zu Hause war es auch kalt; über sich hatten sie nur das Dach, durch welches der Wind pfiff, wenn auch die größten Spalten mit Stroh und Lumpen zugestopft waren.

Ihre kleinen Hände waren beinahe vor Kälte erstarrt.

Ach! Ein Schwefelhölzchen konnte ihr gar wohltun, wenn sie nur ein einziges aus dem Bunde herausziehen, es an die Wand streichen und sich die Finger erwärmen dürfte.

Sie zog eines heraus. Rrscht! wie sprühte, wie brannte es! Es war eine warme, helle Flamme, wie ein Lichtchen, als sie die Hände darüber hielt; es war ein wunderbares Lichtchen! Es schien wirklich dem kleinen Mädchen, als säße sie vor einem großen, eisernen Ofen mit polierten Messingfüßen und einem messingenen Aufsatz. Das Feuer brannte so gesegnet, es wärmte so schön. Die Kleine streckte schon die Füße aus, um auch diese zu wärmen; – doch – da erlosch das Flämmchen, der Ofen verschwand, sie hatte nur die kleinen

Überreste des abgebrannten Schwefelhölzchens in der Hand.

Ein zweites wurde an der Wand abgestrichen; es leuchtete, und wo der Schein auf die Mauer fiel, wurde diese durchsichtig wie ein Schleier. Sie konnte in das Zimmer hineinsehen.

Auf dem Tische war ein schneeweißes Tischtuch ausgebreitet, darauf stand glänzendes Porzellangeschirr, und herrlich dampfte die gebratene Gans, mit Äpfeln und getrockneten Pflaumen gefüllt. Und was noch prächtiger anzusehen war: Die Gans hüpfte von der Schüssel herunter und wackelte auf dem Fußboden, Messer und Gabel in der Brust, bis zu dem armen Mädchen hin.

Da erlosch das Schwefelhölzchen, und es blieb nur die dicke, feuchtkalte Mauer zurück.

Sie zündete noch ein Hölzchen an. Da saß sie nun unter dem herrlichen Christbaume; er war noch größer und geputzter als der, den sie durch die Glastür bei dem reichen Kaufmanne gesehen hatte.

Tausende von Lichterchen brannten auf den grünen Zweigen, und bunte Bilder, wie sie an Schaufenstern zu sehen waren, blickten auf sie herab. Die Kleine drehte ihre Hände danach aus. Da erlosch das Schwefelhölzchen.

Die Weihnachtslichter stiegen höher und höher; sie sah sie jetzt als Sterne am Himmel; einer davon fiel herunter und bildete einen langen Feuerstreifen.

»Jetzt stirbt jemand!« dachte das kleine Mädchen, denn ihre alte Großmutter, die einzige, die sie lieb gehabt hatte, und die jetzt gestorben war, hatte ihr erzählt, daß, wenn ein Stern herunterfällt, eine Seele zu Gott emporsteigt.

Sie strich wieder ein Hölzchen an der Mauer ab, es wurde

wieder hell, und in dem Glanze stand die alte Großmutter so klar und schimmernd, so mild und liebevoll.

»Großmutter!« rief die Kleine. »O! Nimm mich mit! Ich weiß, du entfernst dich, wenn das Schwefelhölzchen erlischt. Du verschwindest, wie der warme Ofen, wie der herrliche Gänsebraten und der große, prächtige Weihnachtsbaum!«

Und sie strich schnell das ganze Bund Schwefelhölzchen, denn sie wollte die Großmutter recht festhalten.

Und die Schwefelhölzchen leuchteten mit einem solchen Glanze, daß es heller wurde, als mitten am Tage. Die Groß-mutter war nie früher so schön, so groß gewesen. Sie nahm das kleine Mädchen auf ihre Arme, und beide flogen in Glanz und Freude so hoch, so hoch; und dort oben war weder Kälte, noch Hunger, noch Angst – sie waren bei Gott.

Aber im Winkel an die Mauer gelehnt, saß in der kalten Morgenstunde das arme Mädchen mit roten Backen und mit lächelndem Munde – erfroren an des alten Jahres letztem Abend.

Die Neujahrssonne ging auf über der kleinen Leiche.

Starr saß das Kind dort mit den Schwefelhölzchen, von denen ein Bund abgebrannt war.

»Sie hat sich erwärmen wollen!« sagte man.

Niemand ahnte, was sie Schönes gesehen hatte, in wel-chem Glanze sie mit der Großmutter zur Neujahrsfreude eingegangen war.

Hans Christian Andersen

Was weh tut

Wie immer sagte der Vater am Heiligen Abend nach der Bescherung: »So, jetzt kommen die Tiere an die Reihe. Sie sollen auch merken, daß heute ein besonderer Tag ist.«

Er holte aus der Speisekammer, was die Mutter dort schon vorbereitet hatte: eine Räucherwurst, eine breite Scheibe Fleischwurst, drei Pakete Schnittbrot, eine Tüte Maiskörner und eine Tüte Vogelfutter. Die Kinder halfen tragen. Er ging mit ihnen erst in den Stall. Die Kühe hoben erstaunt ihre Köpfe und wendeten sie langsam den Kindern zu. Sie wunderten sich, denn um diese Stunde kam an anderen Tagen niemand mehr zu ihnen. Sie muhten und schlugen mit den Schwänzen. Eine von ihnen, die Lola mit dem weißen Stirnfleck, wollte Vaters Gesicht lecken. Er kraulte sie.

»Frohe Weihnacht, ihr Kühe, alle miteinander«, sagte er und schob jeder Kuh eine Schnitte Brot ins Maul.

»Dürfen wir die Schweine füttern?« fragte Rudi.

Der Vater gab den Kindern das Brot, das noch übrig war.

»Frohe Weihnacht, Schweine!« riefen sie und teilten das Brot aus. Die Schweine schubsten und drängelten, sie schnauften und grunzten und beschnupperten die Kinder mit ihren feuchten Rüsseln. Kaum hatten sie das Brot in den Mäulern, fingen sie laut an zu schmatzen.

»Jetzt gehen wir zu den Hühnern«, sagte der Vater. Aber als sie durch den Schnee über den Hofplatz gingen, kam Bello gelaufen. Er sprang am Vater hoch. Er war so groß, daß er ihm seine Pfoten auf die Schulter legen konnte, und das tat er jetzt. Er wedelte mit dem Schwanz und fuhr ihm mit der Zunge über das Gesicht.

»Du bist schon der zweite, der heute abend zärtlich zu mir ist«, sagte der Vater und streichelte den Hund. »Frohe Weihnacht, Bello. Du hast das ganze Jahr über brav den Hof bewacht. Ich bin mit dir zufrieden.«

»Frohe Weihnacht, Bello!« riefen die Kinder. »Riechst du schon, was du bekommen sollst?«

Im Nu war Bello hinter Rudi und schnappte ihm die Räucherwurst aus der Hand. Er nahm sie quer ins Maul und verschwand mit ihr im Hundehaus.

Das war eine Aufregung im Hühnerstall, als sie dort hineinschauten! Die Hennen spektakelten laut und sprangen von der Stange. Der Hahn krähte sogar, weil er dachte, es sei schon Morgen.

»Frohe Weihnacht, ihr Hühner«, sagte der Vater. Rudi und Erika streuten die Maiskörner in weitem Bogen durch den Hühnerstall. Die Hühner pickten gierig. Der Vater wartete, bis alle Körner verschwunden waren, dann schloß er die Tür, und sie gingen wieder über den Hof zurück zum Haus.

»Wo wird wohl die Mieze sein?« fragte der Vater. »Mieze, Mieze!« lockten die Kinder.

Da war sie auch schon: Wie ein Blitz schoß sie aus der Scheune und lief durch den Schnee auf die Kinder zu. Sie rieb ihren Rücken an Erikas und Rudis Stiefeln und schnurrte dem Vater um die Beine.

»Frohe Weihnacht, Mieze!« riefen die Kinder und legten die Scheibe Fleischwurst vor sie in den Schnee. Sie hob den Schwanz und schnurrte, während sie fraß, und als sie fertig war, leckte sie sich mit ihrer roten Zunge das Maul und lief hinter den Kindern her auf das Haus zu.

»Jetzt hätten wir beinahe die Vögel vergessen«, sagte der Vater und blieb stehen. Er zog die Tüte mit Vogelfutter aus der Jackentasche und ließ die Kinder die Körner ausstreuen.

»Die Vögel«, sagte er, »sind zwar nicht unsere Haustiere, aber sie sind unsere Freunde und sollen merken, daß wir's gut mit ihnen meinen.«

Dann gingen sie zur Mutter in die Küche.

»Sogar am Heiligen Abend kannst du das Geschirrspülen nicht lassen«, sagte der Vater. »Jetzt setzt du dich dort auf den Stuhl und rührst keine Hand! Ich spüle. Kinder, helft mir mal schnell abtrocknen!« Die Mutter mußte sich hinsetzen und zugucken, wie der Vater das Geschirr spülte und sich dabei am Bauch ganz naß machte.

»Nun erzählt mal«, sagte sie. »Haben sich die Tiere gefreut?«

»Und wie!« sagte Rudi.

»Wenn man es so bedenkt«, sagte die Mutter, »ist es eigentlich traurig: Hier schenken wir den Tieren Maiskörner, Brot und Wurst, während in vielen anderen Ländern durch Kriege und Mißernten Menschen verhungern, ja sogar vor Hunger sterben.«

Die Kinder hörten auf, das Geschirr abzutrocknen, und sahen die Mutter erschrocken an.

»Meinst du, auch heute, am Heiligen Abend?« fragte Erika.

»Jeden Tag«, antwortete die Mutter. »Und vor allem die Kinder.«

»Aber man kann ihnen ja nichts bringen«, sagte Rudi. »Sie sind so weit weg!«

»Man kann Geld geben«, sagte die Mutter. »Mit dem Geld wird Mehl, Milchpulver, Reis, Öl und vieles andere gekauft und in die Länder geschickt, in denen die Menschen nicht genug zu essen haben.«

»Ich habe sieben Mark fünfunddreißig in meiner Sparbüchse«, sagte Erika. »Aber damit kann ich doch nicht alle Menschen, die hungern, satt machen!«

»Natürlich nicht«, sagte die Mutter. »Aber sicher könntest du mit diesem Geld ein einziges Kind sich für ein paar Tage satt essen lassen. Und wenn andere Leute auch Geld geben, kann man vielen hungrigen Menschen helfen.«

»Dann will ich meine Sparbüchse ausleeren«, sagte Erika.

»Ich auch«, sagte Rudi. »Und du, Vati, und du, Mutti, ihr könntet doch auch mitmachen. Ihr seid so reich.«

Der Vater mußte lachen.

»Reich sind wir nicht«, sagte er, »aber es geht uns gut, und wir werden immer satt – wir und unsere Tiere. Ich will auch einen Zwanziger dazulegen.«

»Einen Zwanziger?« rief Erika. »Das ist zu wenig.«

»Was?« rief der Vater. »Zu wenig? Ein Zwanziger?«

»Du hast doch einen ganzen Hof«, sagte Erika, »und ein Auto, einen Traktor und viele Maschinen. Du mußt so viel Geld geben, daß es dir weh tut. Mir tut's nämlich weh.«

»Wie meinst du das?« fragte der Vater.

Da sagte die Mutter: »Ich glaube, Erika meint es so: Das

Geld in ihrer Sparbüchse hatte sie eigentlich für einen Puppenherd gespart. Dieser Herd steht bei Webers im Schaufenster und kostet sieben Mark neunzig. Es haben ihr bloß noch fünfundfünfzig Pfennige gefehlt. Aber nun will sie auf den Puppenherd verzichten und das Geld statt dessen für die Hungernden geben. Daß sie den Puppenherd nicht haben wird, tut ihr natürlich weh.«

»Ja, so ist es«, sagte Erika.

»Aber wenn du, Vater, einen Zwanziger gibst«, sagte die Mutter, »brauchst du deshalb auf nichts zu verzichten.«

»Da hat sie recht«, sagte der Vater. »Ich glaube, da muß ich wohl auf die Sauna verzichten, die ich mir in diesem Jahr einbauen wollte.«

»Und ich«, sagte die Mutter, »wollte so gern eine Geschirr-spülmaschine haben. Aber ich kann genausogut weiter mit der Hand abwaschen, und ihr müßt mir helfen.«

»Fein!« rief Erika und klatschte in die Hände. »Das gibt zusammen ganz viel Geld!«

»Meinst du«, fragte Rudi, »ob das für hundert hungrige Kinder reicht?«

»So genau kann ich das nicht sagen«, antwortete die Mutter, »aber ich glaube schon.«

»Dann wollen wir gleich morgen das Geld wegschicken«, sagte Erika.

Gudrun Pausewang

Der kleine Engel aus Goldpapier

Es muß eine windige Gegend gewesen sein, sagen wir in Wilhelmshaven, und der Engel war wirklich sehr klein, vielleicht nicht größer als eine Hand, und eine solche Hand hatte ihn kurz vor Weihnachten aus Goldpapier geschnitten. Jetzt war Weihnachten vorbei, das Christbäumchen hatte man abgeräumt und auf den Balkon gestellt.

Da stand es nun, nackt und bloß, und war traurig. Der Flitter war weg, die bunten Glaskugeln lagen wieder im Karton, die Stümpfe der Kerzen, die so feierlich gebrannt hatten, wurden aus den Blechhaltern gekratzt.

Zwar gab es am Baum noch ein paar Lamettafäden, aber das sah erst recht trostlos aus, zumal die roten Äpfelchen, die Biskuits und Schokoladenkringel allesamt aufgegessen waren. Nur der kleine Engel aus Goldpapier hing noch im grünen Gezweig. Ursprünglich waren es zwölf Engel gewesen, elf hatte man eingepackt, den zwölften vergaß man, und der war nun allein.

»Es wird immer kälter«, sagte der Christbaum.

Wirklich, der Wind, der vom Meer herkam, fegte unbarmherzig über den offenen Balkon. Der kleine Engel schaukelte ein wenig, das gefiel ihm. Es erinnerte ihn an die Abende im Wohnzimmer, als die flackernden Kerzen die Luft ebenfalls zittern ließen.

»Schön war das«, sagte der Engel, »ich zitterte auch. Manchmal schwebte ich ein bißchen, und ich hoffte, ich könnte sogar fliegen.«

Der Christbaum brummte grämlich vor sich hin, weil der Wind ihn hart anfaßte. Zittern kannte er, doch vom Fliegen hatte er nie geträumt.

»Liegt dir soviel daran?« fragte er den kleinen Engel.

Der richtete sich ein wenig auf. »Aber natürlich. Ich habe nie an etwas anderes gedacht.«

Dem Christbaum, der sich mit Mühe an der Balkonecke festhielt, fielen plötzlich die kleinen Vögel ein, die früher durch seine Zweige gehuscht waren. »Richtig«, sagte er, »die Vögel flogen ja auch. Sogar im Wind flogen sie, das machte ihnen Spaß.«

»Mir würde es noch besser gefallen«, sagte der kleine Engel.

»Warum?«

»Weil ich ein Engel bin. Ich habe doch Flügel.«

»Sogar aus Goldpapier«, bestätigte der Christbaum. »Bist du etwa darauf stolz?«

»Nein«, sagte der kleine Engel. »Engel sind nie stolz. Nicht mal auf Goldpapier.«

»So, so«, brummte der Christbaum. Er wollte nicht ausdrücklich sagen, daß er selber ein wenig stolz gewesen war, als er geschmückt und mit brennenden Kerzen in der Weihnachtsstube stand. Und weil ihm der kleine Engel leid tat, fragte er: »Was hast du davon, ein Engel zu sein, wenn du nicht einmal stolz sein darfst?«

Der kleine Engel schwieg. Nach einer Weile sagte er: »Engel müssen verkünden.«

»Verkünden?« wunderte sich der Christbaum. »Hast du das getan?«

»Ja«, antwortete der kleine Engel, »aber meine Stimme ist sehr leise. Ich weiß nicht, ob die Leute es gehört haben.«

»Ich verstehe«, sagte der Christbaum, »deshalb willst du jetzt noch woandershin fliegen.«

»Ja«, sagte der kleine Engel, »das wäre mir recht. Doch ich bin ja an deinem Zweig festgemacht.«

In diesem Augenblick wurde aus dem Wind, der vom Meer kam, ein richtiger Sturm. Darauf hatte der Christbaum gewartet. Er brauchte die Zweige nur ein wenig auszubreiten, da hob der Sturm ihn aus dem offenen Balkon hoch in die Luft und trug ihn weit über Straßen und Baumwipfel davon.

»Wir fliegen!« rief der Christbaum, während er ein wenig ängstlich über die Hausdächer wirbelte, an dicken Schornsteinen und Lichtmasten vorbei.

Der kleine Engel hatte keine Angst. Für Engel gibt es ja nichts Schöneres als Fliegen. Und er hatte es sich obendrein so sehr gewünscht.

Am nächsten Morgen aber lag der Christbaum auf der Straße. Manchmal rollte er ein Stück weiter, weil der Sturm noch immer vom Meer her wehte. Die Straßen waren leer. Nur ein kleines Mädchen, das in die Schule wollte, kam vorbei und bückte sich zu dem rollenden Christbaum herab. Da hing doch etwas zwischen den Zweigen?

»Ein Engel!« rief das Mädchen und zog das Goldpapier vom Baum. Doch der Sturm riß es ihr sofort aus der Hand. Das Mädchen blickte noch lange hinterher, bis die goldenen

Flügel hinter dem Dachfirst verschwanden. Ja, und niemand weiß nun, wohin der kleine Engel geflogen ist.

Rudolf Otto Wiemer

Der Mann im braunen Mantel

»Das Dumme an Weihnachten«, sagte Jeremy James, »ist die Zeit danach.«

»Die Zeit wonach?« sagte Mama – sie schmückte gerade den Weihnachtsbaum ab.

»Nach Weihnachten«, sagte Jeremy James.

»Ich dachte immer, die Zeit dazwischen«, sagte Papa und versuchte krampfhaft, sich einer Papierkette zu entwinden, die sich hartnäckig dagegen sträubte.

»Nein, die Zeit dazwischen ist eigentlich in Ordnung«, sagte Jeremy James, »weil man sich da auf die Geschenke freuen kann. In der Zeit danach kann man sich auf nichts mehr freuen.«

»Das stimmt«, sagte Papa, »man kann sich höchstens auf *nächstes* Weihnachten freuen.«

»Das ist zu lang«, sagte Jeremy James.

»Genau wie diese verdammte Papierkette«, sagte Papa. »Die reinste Boa Constrictor, aber keine Papierkette!«

»Ich finde, Weihnachten sollte fast jeden Tag sein«, sagte Jeremy James, »dann könnten wir uns die ganze Zeit freuen.«

»Wenn jeden Tag Weihnachten wäre, würde man nie mit der Arbeit fertig«, sagte Mama.

Das war eine typische Erwachsenenbemerkung. Die Erwachsenen schienen zu glauben, die Arbeit ist das einzige, worauf es ankommt – Spiel und Spaß sind daneben ganz und gar unwichtig. Das Leben war für sie Kartoffeln, Fleisch und Kohl – Eis (eine winzige Portion) gab es nur, wenn »es die Zeit erlaubte«. Die Erwachsenen schienen nicht zu merken, daß sie *viel* glücklicher waren, wenn sie Spiele spielten und sich Geschenke machten. Jeremy James war dann nämlich auch viel glücklicher. Sie brauchten ja nur so zu tun, als sei jeden Tag Weihnachten, dann wären sie bis an ihr Lebensende glücklich und zufrieden. Wozu überhaupt arbeiten, wenn man sich damit bloß den Spaß verdarb?

»Warum *muß* man überhaupt arbeiten?« sagte Jeremy James.

»Gute Frage«, sagte Papa. »Ich frag mich das manchmal auch.«

»Wenn Papa nicht arbeiten würde«, sagte Mama, »hätten wir kein Geld, um unser Haus zu bezahlen, kein Geld zum Essen, Kleider kaufen und für alles andere. Und wenn ich nicht arbeiten würde, hättest du nichts zu essen und anzuziehen und das Haus wäre . . . noch unordentlicher, als es schon ist.«

»Vielleicht könntet ihr immer einen Tag arbeiten und am nächsten Tag Weihnachten feiern«, sagte Jeremy James, »das wäre gerecht.«

Papa war einverstanden, und Mama sagte, vielleicht tun sie das, wenn die Kohlen mal stimmen, und Jeremy James sagte, er wüßte gar nicht, daß sie Kohlen hätten, und Mama sagte, das sollte bloß heißen, wenn sie sehr reich seien, und

Papa sagte, ebensogut könnte man auch sagen, wenn Schweine eines Tages mal Flügel haben.

»Jedenfalls«, sagte Papa, »ich finde, Jeremy James hat recht. Wenn wir das ganze Jahr Weihnachten feierten, wären die Menschen glücklicher, die Welt wäre schöner, und ich brauchte mich nicht mit diesen verdammten Papierketten herumzuschlagen.«

Es bestand kein Zweifel – Weihnachten war ein für allemal vorbei. Der Truthahn, der Weihnachtspudding und die Pasteten waren verspeist, der Weihnachtsbaum wurde abgeschmückt, die Post brachte keine Pakete und Weihnachtskarten mehr, und sogar der knirschende weiße Schnee hatte grauem Matsch Platz gemacht. Es war, als ob sich die ganze Welt zum Kranksein entschlossen hatte. Jeremy James fühlte sich elend und niedergeschlagen, bis er plötzlich eine sehr interessante Idee hatte.

»Sind die Geschäfte jetzt wieder offen?« fragte er.

»Ja«, sagte Mama.

»Aha!« sagte Jeremy James. Die interessante Idee wurde immer interessanter. »Ich hab noch ein bißchen Geld von Weihnachten übrig«, sagte Jeremy James.

»So?« sagte Mama.

»Ja«, sagte Jeremy James.

Einen Augenblick lang herrschte Schweigen. Mama schien nicht zu begreifen, daß Jeremy James eine interessante Idee hatte.

»Wenn die Geschäfte offen sind«, sagte Jeremy James, »könnte ich doch etwas von meinem Geld ausgeben.«

»Ich hab jetzt keine Zeit zum Einkaufen, mein Junge«, sagte Mama, die mit dem Abschmücken des Weihnachtsbaumes beinah fertig war und nun Papa abschmückte.

»Kann ich bloß mal zu dem Süßwarenladen um die Ecke?«
fragte Jeremy James.

»Ja, das kannst du«, sagte Mama. »Aber mehr als fünfzig
Pfennig gibst du nicht aus!«

Das machte die interessante Idee etwas weniger interessant, als sie zuerst gewesen war, aber fünfzig Pfennig ausgeben war immer noch wesentlich interessanter, als gar
nichts auszugeben.

»Kann ich mit meinem neuen Dreirad hinfahren?« fragte
Jeremy James.

»Wenn du nicht auf der Straße fährst, ja«, sagte Mama.

»Alles Bürgersteig bis dahin«, sagte Papa. »Aber fahr keine
Omas um, und überschreite ja nicht die Geschwindigkeits-
begrenzung!«

Die interessante Idee wurde zur interessanten Wirklich-
keit. Jeremy James, in Schal und Mantel eingepackt, ließ
funkelnde fünfzig Pfennig in seine lederne Satteltasche glei-
ten, klingelte laut mit seiner funkelnden silbernen Klingel
und begab sich an den Start, um einen neuen Dreirad-Welt-
rekord auf der mit spritzendem, schmatzendem, schleimi-
gem Matsch bedeckten Strecke zwischen zu Hause und dem
Süßwarenladen aufzustellen. Kein Mensch war auf dem
Bürgersteig, und mit einem lauten »Brrm« gab Jeremy kräf-
tig Gas, seine Beine wirbelten durch die Luft wie rosa
Feuerräder. Als er sich der Ecke näherte, ging er mit dem
Tempo ein bißchen runter, ließ ein lautes »Errgh« ertönen,
das jedem Weltmeister Ehre gemacht hätte, und raste
schnurstracks in einen weichen, braunen Haufen, der ganz
wabbelig und verschrumpelt war und ein Geräusch von sich
gab, das ziemlich ähnlich klang wie Jeremy James' »Errrgh«,
bloß lauter und tiefer. Als die weiche, verschrumpelte, brau-

ne Masse sich vom Bürgersteig wieder aufgerappelt hatte, stellte Jeremy James fest, daß es sich um einen Mann in einem braunen Mantel handelte. Der Mann in dem braunen Mantel war offensichtlich nicht gerade begeistert von seiner ersten Begegnung mit Jeremy James; als er sich den Matsch vom Mantel klopfte, guckte er ziemlich wütend auf Dreirad und Fahrer und sagte: »Paß doch auf, wo du hinfährst mit dem Ding! Kannst einen ja umbringen damit! Jawohl, umbringen!«

»Tut mir schrecklich leid«, sagte Jeremy James, »ich hab dich nicht gesehen!«

»Um die Ecke gucken kann ja wohl auch keiner«, sagte der Mann im braunen Mantel. »Deshalb soll man langsam um die Ecken fahren. Dann rast man nicht in andere Leute und bringt sie um!«

Der Mann im braunen Mantel war ziemlich alt, und sein Mantel war auch ziemlich alt, der war nämlich ganz zerrissen und abgewetzt. Als er damit aufgehört hatte, Jeremy James wütend anzugucken, wurde sein Gesicht sanfter, obwohl es mit sperrigen Stoppeln übersät war und nicht gerade sehr sauber schien.

»Das hast du wohl zu Weihnachten gekriegt, was?« sagte er und nickte in Richtung Dreirad.

»Ja«, sagte Jeremy James, »und es hat eine Klingel *und* eine Satteltasche.«

»Sieht man«, sagte der Mann. »Solide gebaut, das hab ich gespürt. Wenn einem so ein solides Ding in die Knochen fährt, dann merkt man, *wie* solide es ist.«

Der Mann im braunen Mantel setzte sich auf eine Vorgartenmauer und zog eine halbgerauchte Zigarette aus der Tasche. Jeremy James stellte fest, daß der Mann graue

Handschuhe trug, wo oben die Finger aus den Spitzen rausguckten, und an den Füßen trug er schwarze Schuhe, wo
vorne die Zehen rausguckten.

»Frieren dir nicht die Finger und Zehen?« fragte er den
Mann.

»Weiß ich nicht«, sagte der Mann, »ich spür sie nicht
mehr.«

»Warum hast du nicht dem Weihnachtsmann gesagt, er
soll dir Handschuhe und Schuhe zu Weihnachten bringen?«
sagte Jeremy James. »Jetzt ist es zu spät.«

»Der Weihnachtsmann bringt mir sowieso nichts«, sagte
der Mann. »Für solche wie mich hat er keine Zeit.«

»Hast du *gar keine* Weihnachtsgeschenke gekriegt?« fragte Jeremy James. »Nicht mal von deiner Mama und deinem
Papa?«

»Hätte mich sehr gewundert«, sagte der Mann, »die sind
nämlich schon zwanzig Jahre tot. Nee, mein Junge, so alten
Männern wie mir schenkt keiner mehr was. Die Leute gehn
an mir vorbei, oder sie rennen mich um.«

»Ich wollte dich ja nicht umrennen«, sagte Jeremy James.
»Und ich habe auch ›Entschuldigung‹ gesagt.«

»Weiß ich, Junge«, sagte der Mann. »Und du hast ja auch
mit mir geredet.«

Der Mann zog an seiner Zigarette und blies eine kleine
Rauchwolke in die Luft. Er war wirklich ziemlich dreckig.
Seine Haare, sein Gesicht, seine Sachen und sogar seine
Fingernägel waren dreckig.

»Warum bist du so dreckig?« fragte Jeremy James.

»Alles bloß Schutz«, sagte der Mann. »Dreck schützt gegen
die Kälte, verstehst du. Wenn der Weihnachtsmann mir ein
schönes warmes Haus, schöne saubere Sachen und ein schö-

nes warmes Weihnachtsessen bringen würde, dann bräucht' ich auch den ganzen Dreck nicht.«

»Ich glaube, der Weihnachtsmann bringt solche Sachen nicht einfach so als Geschenk«, sagte Jeremy James, »dafür muß man arbeiten.«

»Da hast du recht«, sagte der Mann, »deshalb bin ich so dreckig.«

Trotzdem fand Jeremy James es ein bißchen ungerecht, daß der Mann im braunen Mantel gar nichts zu Weihnachten gekriegt hatte, und er hatte wieder eine sehr interessante Idee. Sie mußte aber noch ein bißchen ausgebrütet werden, wenn fünfzig Pfennig sind schließlich fünfzig Pfennig, aber das Brüten dauerte nicht lange.

»Kannst du mal einen Augenblick warten?« fragte Jeremy James.

»Ich glaub schon«, sagte der Mann. »Hab heute keine dringenden Verabredungen.«

»Brrm, brrrmm«, machte Jeremy James und raste mit Rekordgeschwindigkeit los. »Bin in einer Minute wieder da«, rief er noch im Losfahren.

Und tatsächlich war er in einer Minute wieder da. Mit lautem »Errgh« stoppte er quietschend neben dem Mann im braunen Mantel.

Dann stieg er von seinem Dreirad und ging an die Satteltasche.

»Augen zu und Hand hinhalten«, sagte er zu dem Mann im braunen Mantel. Der Mann tat wie befohlen, und als er die Augen wieder aufmachte, stellte er fest, daß er eine volle Schachtel Lakritzbonbons in der Hand hielt.

»Ein Weihnachtsgeschenk«, sagte Jeremy James.

Der Mann im braunen Mantel sah erst die Schachtel

Lakritzbonbons und dann Jeremy James an. Dann sah er wieder die Schachtel und dann wieder Jeremy James an.

»Wie heißt du, Junge?« sagte er schließlich.

»Jeremy James«, sagte Jeremy James.

»Jeremy James«, sagte der Mann, »das ist das beste Weihnachtsgeschenk, das ich je gekriegt habe. Und wenn es von Jesus selber käme – es könnte nicht schöner sein. Ich werd dich nicht vergessen, Jeremy James!«

Dann stand der Mann im braunen Mantel auf und klopfte Jeremy James sanft mit einer Hand in dem kaputten Handschuh auf den Kopf.

»Muß jetzt weiter. Aber ich werd an dich denken, Jeremy James!«

»Frohe Weihnachten!« sagte Jeremy James.

»Dir auch!« sagte der Mann.

Und dann ging der Mann langsam in die eine Richtung, und Jeremy James raste mit Höchstgeschwindigkeit in die andere. Es hat doch sehr viel für sich, dachte Jeremy James bei sich, wenn jeden Tag Weihnachten ist.

David Henry Wilson

4. KAPITEL

Die Heiligen Drei Könige

Die Geschichte vom kleinen Mohren und vom weißen Pferd

Vor beinahe zweitausend Jahren lebte im Morgenland ein kleiner Mohr. Er mußte im Pferdestall arbeiten und machte seine Sache so gut, daß ihm sein Herr, der weise Balthasar, seinen Lieblingshengst zur Pflege anvertraute. Es war ein schönes, schneeweißes Pferd, feurig und wild, aber wenn der kleine Mohr in seiner Nähe war, dann wurde es sanft wie ein Lämmchen. Es stampfte nicht, es schlug nicht aus, es ließ sich von dem kleinen Mohren striegeln und streicheln, und wenn der kleine Mohr etwas sagte, dann neigte es seinen schönen Kopf, als ob es ihm ganz genau zuhören wollte.

Als der weise Balthasar sich mit dem weisen Caspar und dem weisen Melchior aufmachte, um dem Stern zu folgen, der ihnen die Geburt des Jesuskindes angezeigt hatte, da bestimmte Balthasar, daß der kleine Mohr mitkommen soll-te; denn niemand anderem wollte er die Pflege seines weißen Pferdes überlassen. Der kleine Mohr war sehr erstaunt, daß sich so eine große Karawane auf den Weg machte, nur weil irgendwo ein neuer Stern aufgegangen war, und er staunte noch mehr, als er hörte, daß dieser Stern die Geburt eines

Königs anzeigte. Was mußte das für ein mächtiger König sein, der die Gewalt hatte, den Sternen zu befehlen? Der kleine Mohr fürchtete sich vor ihm, und er wäre lieber zu Hause geblieben. Aber er mußte ja gehorchen, und außerdem hätte er sich nicht von dem schönen weißen Pferde trennen mögen.

Die Karawane zog viele Wochen durch die Wüste, und der Stern wanderte vor ihr her. Als sie endlich in einer großen Stadt ankam und die Weisen im Palast nach dem neugeborenen König fragten, da wurde ihnen gesagt, man wisse nichts von einem solchen Kinde.

Da zog die Karawane weiter, aus der Stadt hinaus, vorbei an armen Hütten, über ödes Feld, immer dem Glanz des großen Sternes nach.

Der kleine Mohr wunderte sich jeden Tag mehr. So viele Umstände um ein kleines Kind – und wenn es auch ein Fürstenkind war! Er konnte es nicht verstehen.

Während er das weiße Pferd striegelte und fütterte, malte er sich aus, in welch prächtigem Schlosse der fremde König wohnen würde. Sicher schlief er in einem goldenen Saal auf purpurnen Decken, und hundert kleine Mohren, wie er einer war, fächelten ihm mit Palmblättern Kühlung zu. »Wir werden ja sehen«, sagte er zu dem weißen Pferd, »was für ein König das ist.« Und das Pferd nickte würdevoll mit dem Kopf.

Und dann war die Karawane endlich am Ziele angekommen. Da war zwar kein Schloß, sondern nur ein armer Stall, aber weil der Stern über seinem Dache stand, zögerten die Weisen keinen Augenblick, hier haltzumachen. Sie stiegen von ihren prächtig aufgezäumten Kamelen, ließen sich von den Dienern in kostbaren Gefäßen Gold, Weihrauch und

Myrrhe reichen und traten durch die niedere Tür des Stalles, um dem Kinde ihre Verehrung zu bezeigen. Dann ließen sie in der Nähe des Stalles ihre Zelte aufschlagen.

Als der kleine Mohr das weiße Pferd ein wenig am Zügel herumführte, um ihm Bewegung zu verschaffen, da hörte er einen Kameltreiber sagen: »Ihr könnt es mir glauben: Es ist ein armseliger Stall, und es stehen nur Ochs und Esel darin. Die Frau trägt weder Krone noch Kette, und der Mann hat einen rauhen, verblichenen Rock an. Das Kind schläft in einer Krippe. Es ist ein schönes Kind, das gebe ich zu. Aber so wohnt doch kein König!«

Diese Worte ließen dem kleinen Mohren keine Ruhe. Um Mitternacht, als alles in den Zelten schlief und die Wachen beim Würfelspiel saßen, band er das weiße Pferd los und schlich mit ihm zu dem Stall hinüber. »Sicher haben sie noch nie ein so prächtiges Pferd gesehen, wie du eines bist«, sagte der kleine Mohr, »wo sie doch nur einen Esel in ihrem Stall haben.«

Die Tür war nur angelehnt, der kleine Mohr drückte sie leise auf. Sie war so niedrig, daß das weiße Pferd draußen stehenbleiben mußte. Drinnen war es dämmrig. Der große Stern funkelte über dem Dach und schickte seine Strahlen durch die breiten Spalten und Risse. Das Kind schlief in der Krippe. Der Mann und die Frau saßen daneben und blickten zu dem kleinen Mohren hin.

Der kleine Mohr wußte nicht so recht, was er sagen sollte. Er senkte den Kopf, und dann schaute er sich nach dem weißen Pferd um. Und da war etwas Seltsames geschehen: Das weiße Pferd hatte sich auf die Knie niedergelassen.

Der kleine Mohr erschrak, er dachte, dem Pferd sei etwas geschehen. Aber da sagte die Frau freundlich: »Fürchte dich nicht, kleiner Mohr. Mein Sohn liebt Himmel und Erde, er liebt auch dich und dein Pferd. Willst du ihn nicht grüßen?«

Da kniete der kleine Mohr vor der Krippe nieder, berührte den Boden mit der Stirn und sagte: »Gepriesen seist du, König!«

Als die Karawane wieder in ihr Land zurückwanderte, fragte der Kameltreiber den kleinen Mohren: »Nun, hast du dir auch das Kind im Stalle angesehen?«

»Ja«, sagte der kleine Mohr.

»Und glaubst du, daß es ein König ist?«

»Ja, ich glaube es«, sagte der kleine Mohr fest.

»Ach was«, sagte der Kameltreiber. »In einem Stall wohnt kein König. Erinnerst du dich noch, wie Prinz Achmed geboren wurde und wir deinen Herrn begleiteten, um die Geschenke zu tragen? Das war eine Pracht! Und Prinz Achmed in seiner kleinen goldenen Sänfte – weißt du es noch?«

»Ja, ich weiß es noch«, sagte der kleine Mohr. »Aber das weiße Pferd hat nicht vor ihm gekniet.«

Marina Thudichum

Die Krone des Mohrenkönigs

In jenen Tagen und Nächten damals, als die Dreikönige aus dem Morgenland unterwegs waren, um nach dem Jesusknaben zu suchen und ihm mit Myrrhen, Weihrauch und Gold ihre Huldigung darzubringen, sind sie, so ist uns als Kindern erzählt worden, auch in die Gegend gekommen, wo ich in früheren Jahren zu Hause gewesen bin: also ins Böhmische, über die schlesische Grenze herein, durch die großen verschneiten Wälder. Das mag man, vergegenwärtigt man sich die Landkarte, einigermaßen befremdlich, ja abwegig finden; indessen bleibt zu erinnern, daß die Dreikönige, wie geschrieben steht, nicht der Landkarte und dem Kompaß gefolgt sind auf ihrer Reise, sondern dem Stern von Bethlehem, und dem wird man es schwerlich verübeln können, wenn er sie seine eigenen Wege geführt hat.

Jedenfalls kamen sie eines frostklaren Wintermorgens über die Hänge des Buchbergs gewandert und waren da: nur sie drei allein, wie man uns berichtet hat, ohne Troß und Dienerschaft, ohne Reitpferde und Kamele (die hatten sie wohl zurücklassen müssen, der Kälte wegen, und weil sie im tiefen Schnee kaum weitergekommen wären, die armen Tiere). Sie selbst aber, die Dreikönige aus dem Morgenland, seien ganz und gar nicht gewandet gewesen wie Könige; sondern in dicken, wattierten Kutschermänteln kamen sie angestapft, Pelzmützen auf dem Kopf, und jeder mit einem Reisebündel versehen, worin er nebst einiger Wäsche zum Wechseln und den Geschenken, die für den Jesusknaben bestimmt waren, seine goldene Krone mitführte: weil man ja, wenn man von weitem schon an der Krone als König kenntlich ist, bei den Leuten bloß Neugier erregt und Aufsehen, und das war nicht gerade nach ihrem Geschmack, im Gegenteil.

»Kalt ist es!« sagte der Mohrenkönig und rieb sich mit beiden Händen die Ohren. »Die Sterne am Himmel sind längst verblaßt – wir sollten uns, finde ich, für den Tag eine Bleibe suchen.«

»Recht hast du, Bruder Balthasar«, meinte der König Kaspar und schüttelte sich sich die Eiszapfen aus dem weißen Bart. »Seht ihr das Dorf dort? Versuchen wir's gleich an der ersten Haustür, und klopfen wir an!«

König Melchior als der jüngste und kräftigste watete, seinen Gefährten voran, durch den knietiefen Schnee auf das Haus zu, das ihnen am nächsten war.

Dieses Haus, wie der Zufall es wollte, gehörte dem Birnbaum-Plischke; und Birnbaum-Plischke, das darf nicht verschwiegen werden, genoß bei den Leuten im Dorf nicht gerade das beste Ansehen, weil er habgierig war und ein großer Geizkragen – und aufs Geld aus, herrje, daß er seine eigene Großmutter, wenn sie noch lebte, für ein paar Kreuzer an die Zigeuner möchte verschachert haben, wie man so sagt. Nun klopfte es also an seiner Haustür, und draußen

standen die Könige aus dem Morgenland, aber in Kutschermänteln, mit Pelzmützen auf dem Kopf, und baten den
Birnbaum-Plischke um Herberge bis zum Abend.

Zuerst hatte der Plischke sie kurzerhand wegschicken
wollen, nämlich: mit Bettelleuten möchte er sich nichts zu
tun machen, knurrte er.

Aber da hat ihm der König Melchior einen Silbertaler
unter die Nase gehalten, um ihm zu zeigen, daß sie die
Herberge nicht umsonst begehrten – und Plischke den Taler
sehen, die Augen aufreißen und die Haustür dazu: das war
alles eins.

»Belieben die Herren nur einzutreten!« hat er gesagt und
dabei nach dem Taler gegrapscht, und dann hat er gekatz-
buckelt, daß er sich bald das Kreuz verrenkt hätte. »Wenn
die Herren so gut sind und möchten mit meiner bescheide-
nen Stube vorliebnehmen, soll's ihnen an nichts fehlen!«

Seit er den Taler bekommen hatte, war Birnbaum-Plischke wie ausgewechselt. Vielleicht, hat er sich gesagt, sind die
Fremden reisende Kaufleute – oder verkleidete polnische
Edelleute, die mitsamt ihrem Leibmohren unerkannt über
die Grenze wollten; jedenfalls sind sie was Besonderes, weil
sie Geld haben, und zwar viel, wie es scheint: denn wer zahlt
schon für ein paar Stunden am warmen Ofen mit einem
vollen Taler? Da kann, wenn du Glück hast, Plischke, und
es den Herren recht machst, leicht noch ein zweiter heraus-
springen . . .

Solches bedenkend, führt Birnbaum-Plischke die Könige
in die gute Stube und hilft ihnen aus den Mänteln; dann ruft
er sein Weib, die Rosina, herzu und sagt ihr, sie soll eine
Biersuppe für die Herren kochen, aber geschwind, geschwind, und daß sie ihm ja nicht an Zucker und Zimt spart,

die Nelken auch nicht vergißt und zum Schluß ein paar Löffel Branntwein dran!

Die Plischken erkennt ihren Alten kaum wieder. Was ist denn in den gefahren? Er aber scheucht sie zur Tür hinaus, in die Küche, und poltert, daß sie sich sputen soll, denn die Herren sind hungrig und durchgefroren und brauchen was Heißes zum Aufwärmen, und da ist eine Biersuppe akkurat richtig für sie, die wird ihnen guttun. Er selbst eilt hernach in den Holzschuppen, schleppt einen Korb voll Buchenscheite herbei, und dann schürt er im Kachelofen ein mächtiges Feuer an, daß es nur so prasselt.

Den Königen ist es nicht entgangen, wie gründlich sich Birnbaum-Plischkes Verhalten geändert hat, und es ist ihnen nicht ganz wohl dabei, denn sie können den Blick nicht vergessen, mit dem er sich auf den Taler gestürzt hat.

»Kann sein«, sagt der König Melchior, während Plischke noch einmal um Holz hinausläuft, »kann sein, daß es besser ist, wenn wir ein Häusel weitergehen: Der Mann da gefällt mir nicht.«

König Kaspar ist einer Meinung mit ihm. Doch der Mohrenkönig erwidert: »Bedenkt, liebe Brüder, daß wir in Gottes Hand stehen! Wenn es sein Wille ist, daß wir das Kindlein finden, um dessentwillen wir seinem Stern hinterdreinwandern Nacht für Nacht: dann wird er auch dafür sorgen, daß uns kein Leid geschieht unterwegs – weder hier, unterm Dach dieses Menschen, der voller Geldgier und Falsch ist, noch anderswo.« Das sehen die Könige Kaspar und Melchior ein, und sie schämen sich ihres Kleinmuts und sagen zum König Balthasar: »Recht hast du, Bruder Mohrenkönig! Wir wollen uns Gott befehlen und bis zum Abend hierbleiben, wo wir nun einmal sind.«

Bald danach tischte Plischkens Rosina ihnen die Biersuppe auf, und das heiße Gebräu, das nach Zimt und nach Nelken duftete und ein wenig nach Branntwein, das heiße Gebräu tat den Königen wohl, auf die kalte Nacht hin: so wohl, daß der Mohrenkönig die alte Plischken um das Rezept bat und es sich aufschrieb und ihr dafür einen Taler verehrte, obgleich, wie er meinte, ein solches Rezept nicht mit Geld zu bezahlen sei.

Was aber eine richtige Biersuppe ist, noch dazu, wenn die Köchin nicht mit dem Branntwein gespart hat: die macht, wie man weiß, nicht nur warm, die macht auch schläfrig. Den Königen aus dem Morgenland kam das gerade recht, sie hätten sich ohnehin ein paar Stunden aufs Ohr gelegt, wie sie das allerorten zu tun pflegten, wo sie Tagrast hielten.

Sie waren dabei, was ihr Lager anging, nicht wählerisch. Schon wollten sie auf den hölzernen Fußboden ihre Mäntel ausbreiten, um sich daraufzulegen, in Hemd und Hosen, das Reisebündel unter dem Kopf und die Jacke, so weit sie reichte, als Zudecke über den Leib – da kommt Birnbaum-Plischke hinzu, schlägt die Hände über dem Kopf zusammen und sagt, daß er das nicht zuläßt, daß sich die Herren Reisenden auf den Fußboden legen. Das könnten sie ihm nicht antun, da müßt' er sich ja sein Lebtag in Grund und Boden schämen: kurzum, er besteht darauf, daß die drei ihm hinauffolgen in die Schlafkammer, wo die Rosina inzwischen schon alles frisch bezogen hat, und daß sie in ihren eigenen, Plischkens, Betten schlafen, denn anders macht er's auf keinen Fall, und das dürften sie ihm nicht abschlagen. Damit eilt er auch schon hinaus und zieht die Tür hinter sich zu.

Die Könige Kaspar und Melchior haben sich staunend angeblickt und den Kopf geschüttelt; aber der Mohrenkönig, der Balthasar, hat ganz einfach sein Reisebündel neben die Tür geworfen und angefangen, sich auszuziehen.

»Wie lang ist es her«, rief er lachend, »daß wir in keinen richtigen Betten geschlafen haben? Kommt, worauf wartet ihr, da ist Platz genug für uns!« Die Könige Kaspar und Melchior mußten ihm recht geben, und nachdem sie den Birnbaum-Plischke noch einmal herbeigerufen und ihm den Auftrag gegeben hatten, er möge sie gegen Abend wecken, sie müßten bei Einbruch der Dunkelheit weiterziehen, legten auch sie ihre Bündel und Kleider ab; und nun zeigte sich's, daß der Mohrenkönig sich nicht verschätzt hatte: Plischkens Ehebett war so breit und geräumig, daß sie zu dritt darin unterkamen, ohne sich gegenseitig im Weg zu sein. Das frische Leinen duftete nach dem Quendelkraut, das die Rosina als gute Hausfrau in ihrer Wäschetruhe nicht missen mochte, das Lager war weich und warm, und die Biersuppe tat ein übriges nach der langen Nacht: den Königen aus dem Morgenland fielen die Augen zu, und es dauerte kaum ein paar Atemzüge, da schliefen sie tief und fest, und der Mohrenkönig fing voller Inbrunst zu schnarchen an, als gelte es, einen ganzen Palmenhain kurz und klein zu sägen.

So schliefen sie also und schliefen und merkten nicht, wie sich Birnbaum-Plischke auf leisen Sohlen hereinschlich und sich an ihren Bündeln zu schaffen machte, atemlos und mit flinken Fingern. Denn Plischke ist nicht von gestern; er ahnt, daß die fremden Herren von reicher Herkunft sind, und nun will er es ganz genau wissen, was es mit ihren Bündeln auf sich hat. Er durchwühlt sie – und findet die Königskronen!

Da ist es um ihn geschehen. Ohne sich lang zu besinnen, nimmt er die größte und kostbarste der drei goldenen Kronen an sich (daß es die Krone des Mohrenkönigs gewesen ist, hat er natürlich nicht ahnen können, woher denn auch), und nachdem er die Bündel wieder verschnürt hat, eilt er mit seiner Beute hinab in den Ziegenstall, wo er sie unters Stroh schiebt und einen leeren Melkeimer drüberstülpt. Hoffentlich, denkt er, merken die Fremden nichts davon, wenn sie aufwachen und sich anziehen . . .

Aber die Könige aus dem Morgenland schöpfen keinen Verdacht, wie Plischke sie wecken kommt. Außerdem sind sie in Eile, sie essen nur rasch noch ein paar Löffel Hafergrütze, dann ziehen sie ihre Mäntel an, schlagen die Krägen hoch, geben Plischkens zum Abschied zwei Taler, bedanken sich für das gute Quartier und das Essen – und ahnungslos ziehen sie ihres Weges.

Die Sterne funkeln über den Wäldern, der Schnee knirscht bei jedem Schritt, und Birnbaum-Plischke steht unter der Tür seines Hauses und blickt den Dreikönigen nach, bis sie endlich zum Dorf hinaus und verschwunden sind.

Nun hält es ihn nicht mehr länger, er rennt in den Ziegenstall, stößt den Melkeimer mit dem Fuß weg und zieht unterm Stroh die goldene, mit Juwelen besetzte Krone hervor. Er läuft damit in die Küche, wo die Rosina gerade dabei ist, die Teller und Löffel zu spülen; und wie sie die Krone in seinen Pratzen funkeln und blitzen sieht, da erschrickt sie und wendet sich von ihm ab. »Plischke!« ruft sie. »Was soll das, um Himmels willen, was hast du da?«

Augenzwinkernd erklärt ihr Plischke, woher er die Krone hat. Er will sie, so sagt er ihr, einem Goldschmied verkaufen, drüben in Bunzlau oder herüben in Reichenberg – je nachdem, wo ihm mehr geboten wird. Sie aber, die Rosina, will das nicht hören, sie fällt ihm ins Wort und beginnt zu keifen.

»Plischke!« zetert sie. »bist du um allen Verstand gekommen? Die Fremden werden dich an den Galgen bringen, wenn sie herauskriegen, was du getan hast!«

»Nu, nu«, beschwichtigt sie Plischke, »die haben doch keinen Beweis gegen mich, die können die Krone ja sonstwo verloren haben – da mach dir nur keine Sorgen, Alte, das hab ich mir alles genau überlegt.«

Und dann sticht ihn der Hafer, da nimmt er die Krone des Mohrenkönigs in beide Hände und setzt sie sich auf den Schädel, zum Spaß nur, aus schierem Übermut – und, o Wunder, sie paßt ihm wie angegossen, als sei sie für ihn geschmiedet. »Sieh her!« ruft er der Rosina zu und tanzt in der Küche herum. »Wie gefall ich dir mit diesem Ding?«

Plischkens Rosina, kaum daß sie ihn flüchtig betrachtet hat, fängt zu lachen an. »Nein doch!« prustet sie. »Laß den Unsinn, Plischke, und wasch dir den Ruß vom Gesicht, du siehst ja zum Fürchten aus!«

»Welchen Ruß denn?« fragt Birnbaum-Plischke und schaut in den Spiegel neben dem Küchenschrank. Da sieht er, daß seine Stirn und die Wangen schwarz sind, die Nase, das Kinn und die Ohren ebenso – wie mit Schuhwichse vollgeschmiert. »Sonderbar«, meint er, »das muß von der Lampe kommen oder vom Ofenschüren . . . Schaff Wasser her, Alte, Wasser und Seife, damit ich das wieder runterbringe!«

Dann setzt er die Krone ab, zieht das Hemd aus und wäscht sich; er schrubbt das Gesicht mit der Wurzelbürste und heißem Wasser, mit Soda und Seifenlauge. Es ist wie verhext mit der schwarzen Farbe, sie läßt sich nicht wegrumpeln, auch mit Waschsand nicht, eher scheuert er sich die Haut durch.

Da dämmert es Plischken, daß er zu einem Mohren geworden ist; und die Rosina merkt auch, daß die Farbe echt ist und nie mehr abgehen wird.

»Ogottogott!« schluchzt sie. »Was werden die Leute bloß sagen, wenn du mit deiner schwarzen Visage ins Dorf kommst! Die werden sich schief und krumm lachen, wenn sie dich sehen! Und glaub mir, die Kinder werden dir nachlaufen, wo du auftauchst, und schreien: ›Der Mohr kommt, der Mohrenplischke!‹ Und alles nur, weil du die Krone gestohlen hast!«

»Was denn?« meint Plischke betroffen. »Was soll denn die Krone damit zu tun haben, daß ich schwarz bin?«

»Da fragst du noch?« fährt die Alte ihn an. »Ich sag dir's ja: Weil du die Krone gestohlen hast, bist du zur Strafe ein Mohr geworden – das ist doch so klar wie nur irgendwas auf der Welt! Und ein Mohr wirst du bleiben in alle Ewigkeit, wenn du sie nicht zurückgibst!«

»Die Krone?« ruft Plischke. »Die Krone soll ich zurückgeben? Überleg dir mal, was du da redest, Alte!«

»Da gibt's nichts zu überlegen«, sagt die Rosina, »begreif das doch! Zieh die Stiefel an, Plischke, und lauf, was du kannst, damit du die Herren einholst und die Geschichte ins reine bringst!«

Plischke, nach einigem Wenn und Aber, sieht ein, daß ihm keine Wahl bleibt: die Alte hat recht. Also her mit den Stiefeln, den Mantel an und die Mütze auf! – Und die Krone!

»Wir schlagen sie in ein Tuch ein«, sagt die Rosina. Das tut sie auch, und dann schiebt sie den Birnbaum-Plischke zur Tür hinaus in die Kälte. »Lauf zu!« ruft sie hinter ihm drein. »Lauf zu und verlier die Spur nicht!«

Der Mond scheint, es ist eine helle Nacht, und die Spur, die die Könige hinterlassen haben, ist leicht zu finden; sie führt über Berg und Tal, durch die Wälder und über Blößen, immer geradeaus, wie mit dem Lineal gezogen. Plischke, was-hast-du-was-kannst-du, folgt ihr, so schnell ihn die Füße tragen – und endlich, schon tief im Böhmischen ist es, die Sterne am Himmel verblassen bereits, und hinter den Bergen zeigt sich der Morgen an: endlich erblickt er die drei vor sich, einen Hügel emporsteigend. »Heda!« schreit er und »Holla!« und »Wartet doch, wartet doch! Ich bin's, ich hab was für euch!«

Da bleiben die Könige stehen und wenden sich nach ihm um, und der Birnbaum-Plischke nimmt seine letzte Kraft zusammen und rennt auf sie zu mit den Worten: »Ihr habt was vergessen bei uns in der Schlafkammer – das da . . . Ich hab es gefunden und bin euch nachgerannt: hier!« Damit schlägt er das Tuch auseinander und hält ihnen die gestohlene Krone hin. »Die gehört euch doch – oder?«

Der Mohrenkönig erkennt sie sogleich, und er freut sich darüber, daß Plischke sie ihm gebracht hat. »Hab Dank, guter Mann«, sagt er. »Weit hast du laufen müssen, um sie mir nachzutragen: Gott lohn es dir!«

Birnbaum-Plischke blickt überrascht in das freundliche schwarze Gesicht des Fremden; und plötzlich, Plischke erkennt sich kaum wieder, kommt er sich fürchterlich schäbig vor.

Etwas würgt ihn im Halse, das muß er loswerden, sonst erstickt er dran.

»Herr«, bringt er mühsam hervor, »sag nie wieder ‹guter

Mann› zu mir! Du mußt wissen, daß ich ein Dieb bin – und daß ich die Krone gestohlen habe.«

»Gestohlen?« staunte der Mohrenkönig. »Und wiedergebracht?«

»Weil mir's leid tut«, stammelte Plischke, »und weil es nicht recht war. Verzeiht mir, ich bitte euch sehr darum!«

Die Dreikönige aus dem Morgenland blickten sich an, und es schien, daß sie einer Meinung waren.

»Wenn es dir leid tut«, sagte der Mohrenkönig, »dann sei dir verziehen, Alter, und alles hat seine Ordnung. – Aber was hast du denn?«

»Ach«, druckste Plischke herum, denn mit einemmal war es ihm wieder eingefallen, »es ist bloß... Ich möchte sagen... Mir ist da ein dummes Ding passiert. – Werd ich auch wieder ein weißes Gesicht haben, wenn ich zurückkomme in mein Dorf?«

»Dein Gesicht wird so weiß sein wie eh und je«, versprach ihm der Mohrenkönig. »Doch scheint es mir auf die Farbe, die eines Menschen Gesicht hat, nicht anzukommen. Laß sie von mir aus schwarz oder gelb oder rot sein wie Kupfer – Hauptsache, daß du kein schwarzes Herz hast! Die Leute freilich, die sehen das nicht. Aber einer sieht es, der alles sieht: das bedenke!«

Dann wandten die Könige sich zum Gehen, und Plischke allein zurücklassend (mochte er zusehen, wie er mit sich ins reine kam), zogen sie ihres Weges weiter, nach Bethlehem . . .

Otfried Preußler

Drei Könige

Hoch im Norden, wo um Weihnachten die Bauernhöfe wie weiße Höcker über die Ebene ragen, stapfte ein Junge durch den funkelnden Schnee.

Es war in einer Zeit, da es noch nicht so viele Menschen gab wie heute. Es gab Bauern, und es gab einen König, aber es gab auch manche, die nirgends so recht zu Hause waren. Sie wanderten von Jahrmarkt zu Jahrmarkt und unterhielten die Leute mit ihren Späßen und Zauberkünsten. Und weil sie immer unterwegs waren, nannte man sie »fahrendes Volk«.

Aber im Winter, wenn die Jahrmärkte seltener wurden und auf den Straßen der Schnee lag, wußten sie nicht mehr, wohin sie gehen sollten. Dann bettelten sie bei den Bauern um eine Suppe oder ein Nachtlager im Stroh. Und wenn der Bauer gerade schlecht gelaunt war, oder geizig, dann hatten sie nichts zu lachen. Dabei lachten sie überaus gern und liebten die Fröhlichkeit.

Diesen »Fahrenden« gehörte auch der Junge an. Er hieß Finju und hatte langes schwarzes Haar, das ihm bis über den Kragen fiel. Auf den Schultern trug er eine Laute, und er konnte spielen wie sonst niemand im Lande. Wenn er spielte, öffneten ihm die Bauern ihre Türen und bewirteten ihn mit Brot und Speck. Aber dieses Jahr war ein harter Winter. Seine Finger waren steif gefroren, daß er keine Saiten mehr zu greifen vermochte. Und die Bauern machten ihm nicht auf.

Als sich der Abend über die Ebene senkte und Stern an Stern aufstieg, stapfte der Knabe noch immer durch den Schnee. An seinen Ohren klirrten die Eisstückchen aneinander, die ihm im Haar klebten, und das tönte wie ferner Glockenklang. Der Junge schaute sich um, aber da war weit und breit kein Haus. Nur Schnee, Schnee und am Horizont ein mattes Stück Himmel. Und dort schritt eine Gestalt wie er über die weiße Ebene.

Der Junge freute sich. Er rief so laut, bis der Fremde stehenblieb.

Finju näherte sich ihm und sah, daß es ein alter Mann war, groß, hager und etwas zerlumpt. Ein zerfranster Mantel hing ihm über, der vom Rücken abwärts in viele Stücke auslief. Finju mußte lachen. Es sah aus wie ein Vogelgefieder! Aber dann schaute er dem Fremden ins Gesicht und erkannte, daß der Alte blind war.

»Wer bist du?« fragte der Fremde und hielt die Augen geschlossen.

»Ich bin Finju, der Lautenspieler«, sagte der Knabe.

»Finju!« rief der Alte verwundert aus. »Ich kenne dich! Du spieltest im Sommer in Naust zur Hochzeit auf. Drüben auf Ytteröy.« Er klopfte dem Jungen auf die Schulter und sagte lächelnd: »Du bist der König unter den Saitenspielern.«

Finju erwiderte verlegen: »Das ist lange her. – Aber wer bist du?«

»Ich bin Arne«, sagte der Fremde und fügte gleichmütig hinzu: »Manche nennen mich den Bettlerkönig.«

Finju erinnerte sich, von einem Bettlerkönig gehört zu haben. Einen alten, blinden Geschichtenerzähler nannte man so, aber niemand konnte sich auf eine seiner Geschichten besinnen. Um so besser mußte er sich aufs Betteln verstehen. Er bettelte mit so viel Würde, daß die Leute gar nicht daran dachten, einen gewöhnlichen Bettler vor sich zu haben. Mit seinem weißen Bart und dem weißen Haar sah er auch eher wie ein König aus. Nur die Krone fehlte – und ein Mantel, der purpurn war und nicht in so viele Stücke auseinanderlief.

»Was in aller Welt, Junge, treibt dich zu dieser Jahreszeit über die große Ebene?« fragte der Alte verwundert.

»Das Fest der Wintersonnenwende am Hof des Königs«, sagte Finju. »Man nennt es Jul, und vielleicht kann ich dort aufspielen. Die Bauern ließen mich vor den Türen stehen, und meine Finger sind ganz steif vor Kälte. Aber der König hat ein großes Haus. Da ist Licht, Tanz und Fröhlichkeit!«

»Nun, nun«, brummte Arne bedächtig. »Du kennst den König nicht. – Wenigstens haben wir den gleichen Weg«, sagte er und nahm Finjus Arm. Und zusammen schritten sie weiter.

Es war mühsam. Bei jedem Schritt sanken sie seitlich ein, keuchten und zogen eine wacklige Spur in den Schnee. Und nach einer Weile sagte der Alte: »Du spielst zwar wie ein König, aber du hustest und hast eisige Hände. Es ist nicht gut, daß du soviel draußen bist.«

Finju lachte. »Warte, bis wir aufs Schloß kommen. Da wird alles anders werden. – Hei!« rief er, »das gibt ein Fest!« Und übermütig lief er ein paar Schritt voraus, bis er einsank. Der

Alte schüttelte besorgt den Kopf und half ihm aus der Schneewehe.

Drüben ging jetzt ein leuchtender Stern auf, und bald gefror der Schnee zu einer harten Kruste, die die beiden Wanderer leicht über die Ebene trug. Sie gingen schweigend. Nur einmal bat der Junge: »Arne, erzähle mir eine Geschichte!« Aber der Alte sagte: »Ich weiß keine Geschichte. Ich habe schon seit zwanzig Jahren keine Geschichten mehr erzählt.« – »Und warum?« wollte Finju wissen. »Es ist mir keine mehr in den Sinn gekommen«, sagte der Alte und schwieg.

Später langten sie beim Schloß an. Es war festlich erleuchtet. Auf ihr Pochen öffnete sich die Tür. Man wies ihnen – abseits der königlichen Tafel – einen Tisch zu, wo sie sich niederließen. Es gab Wein und gebratenes Wild, und Arne und Finju fielen hungrig über die Speise her. Aber viel mochten sie nicht essen. Und nach einer Weile flüsterte Finju: »Arne, ich weiß nicht, aber meine Hände sind immer noch steif vor Kälte.«

An der großen Tafel saß die Hofgesellschaft. Die Vornehmen des Landes nickten wie mechanisch mit den Köpfen, und vom Finger der Königin blitzte der Diamant. Alle saßen steif vornübergebeugt, niemand wagte ein lautes Wort. Man konnte das Flackern der Kerzen hören, die in den vielarmigen Leuchtern steckten. Man konnte hören, wenn Finju hustete. Nur manchmal erklang ein lautes »Jawohl, Majestät!« und dann war alles wieder totenstill. Finju flüsterte: »Die Stille draußen auf der Ebene war viel schöner als die Stille hier im Saal. Wie kommt das?« Da lächelte Arne bedächtig und sagte: »Schau dir den König an!«

Der König lag wie verloren in seinem Prunksessel. Mißmutig wandte er sich an den Hofmeister und sagte: » Man spricht von einem seltenen Stern, der sich heute zeige. Das beunruhigt mich. Sternwunder bringen stets Veränderung: Krieg, Thronwechsel –oder was immer. Man sollte den Untertanen verbieten, nach Sternzeichen auszuschauen. Darin zeigt sich schon eine Unzufriedenheit, die ich nicht dulde. – Ist das Sternzeichen wenigstens ein gutes für mich?«

»Majestät«, sagte der Hofmeister und verbeugte sich. »Sternzeichen sind schwer zu deuten. Der Stern heute nacht sagt, daß ein großer Fürst erschienen sei. Und damit kannst ja nur du gemeint sein. Laß uns also auf dein Glück und dein Wohlergehen trinken!« Alle erhoben sich und nippten an ihren Gläsern, in denen sich das Licht der Kerzen brach. Dann winkte der König mit der Hand. »Die Gaukler mögen aufspielen!« befahl er.

Es waren noch einige da, die ein Instrument spielten. Lauter bärtige Gesellen, die von weit her kamen. Aber alle schauten auf Finju. Sie kannten ihn und wußten, daß sich keiner mit ihm vergleichen konnte. Finju hustete verlegen. »Ich kann hier nicht spielen . . . jetzt nicht . . .«, sagte er leise zu Arne. Aber der König stampfte ungeduldig mit dem Fuß auf. Da griff Finju in die Saiten, und es klang so schrill und falsch, daß die Hofleute kicherten.

»Majestät«, sagte Arne und erhob sich. »Er ist der beste Saitenspieler im Lande. Aber seine Finger sind steif vor Kälte und gehorchen ihm nicht mehr. Wir hoffen, hier etwas Wärme zu finden, und sind über die große Ebene gewandert. Hab Geduld mit ihm!« Doch der König war wütend. »Was nützt mir ein Spieler, der nicht spielen kann«, schrie er. »Bettler kann ich nicht leiden. Er soll spielen, oder ich hetze die Hunde auf ihn!«

Finju winkte nur müde ab. »Hier kann man sich auch nicht erwärmen«, sagte er und stand auf. Er nahm die Laute und schritt in die Kälte hinaus, ohne sich umzusehen. Arne folgte ihm.

Sie standen draußen im Schnee, und Arne sagte: »Zurück über die Ebene kommen wir nicht mehr. Das ist zu weit. Und sonst wohnt niemand hier.« Aber Finju schaute gebannt nach dem Stern, der leuchtend am Himmel stand und seinen Glanz über den Schnee ergoß. »Arne!« rief er. »Folgen wir dem Stern!«

Auch Arnes Augen blickten nicht mehr so leer wie zuvor. Der helle Schein spiegelte sich in ihnen. »Ich sehe Licht!« murmelte er verwundert. Da nahm ihn Finju beim Arm und führte ihn auf der hellen Spur vorwärts.

Nach einer Weile vernahmen sie Pferdegetrampel, das stets näher kam. Sie blieben stehn und warteten. Als das Licht auf einen purpurnen Mantel fiel, merkten sie, daß es der König war.

Hinter ihm ritten zwei Knechte.

»Nehmt sie gefangen«, rief der König, »sie haben mich beleidigt und sollen es büßen!«

Die Knechte stiegen vom Pferd und traten zu den beiden Wanderern. Arne streckte die Arme aus, um sich fesseln zu lassen. »Zwar haben wir dir nichts zuleide getan«, sagte er, »aber vielleicht bist du unser Retter. Es ist kalt hier draußen, und niemand ist da, der uns aufnehmen könnte.«

Der König war verblüfft. »Wohin, in Teufels Namen, wolltet ihr denn gehen in dieser Nacht?«

»Wir folgen dem Stern«, sagte Finju, »siehst du nicht, wie er leuchtet? Wenn du willst, kannst du mit uns kommen.«

Der König schaute zum Stern, dann zu den beiden Wanderern. Darauf schickte er seine Knechte zum Schloß zurück.

»Seltsam«, sagte er, »aber ich habe Lust, mit euch zu gehen. Ich möchte wissen, was dieser Stern bedeutet.« Er griff nach den Zügeln, und zusammen schritten die drei Könige auf der leuchtenden Spur weiter.

Später hielten sie vor einer armseligen Hütte. Der Eiswind pfiff durch die Ritzen und blies Schnee ins Innere. Der König war verwundert. »Ein Haus habe ich hier noch nie gesehen«, sagte er. » Am besten, ich klopfe an die Tür.«

»Nein, tu das nicht!« meinte Finju ängstlich. »Dir wird man vielleicht nicht auftun. Der Bettlerkönig soll anklopfen!«

Arne pochte leise an die Tür. Sie ging knarrend auf, und der Schein einer Kerze fiel auf die drei Männer draußen.

Sie schauten verwundert; kein Tisch, kein Schrank war in der Hütte. Nur eine Wiege, über die sich eine ärmliche Frau beugte. Und neben der Tür stand ein Mann mit einem Stock in der Hand. »Willkommen«, sagte er und ließ den Stock sinken. Und als die Fremden näher traten, sahen sie auch das Kind. Es war in Lumpen gehüllt und fror.

Arne strich sich mit der Hand über das Gesicht. »Ich sehe dich. Du leuchtest mehr als der Stern, dem wir gefolgt sind.« Er nahm den Schafspelz, den er um die Hüften gewunden hatte, und hüllte behutsam das Kind darin ein. Finju aber griff zur Laute und spielte, wie er noch nie gespielt hatte zuvor. Alle lauschten. Und als er geendet hatte, griff der König nach der goldenen Kette, die ihm um den Hals hing, und legte sie zu Füßen des Kindes nieder. »Ich wußte nicht, daß es in meinem Reich so arme Leute gibt. Künftig werde ich besser für sie sorgen«, sagte er.

Als sie zum Schloß zurückgingen, sagte Arne zu Finju: »Weißt du jetzt, warum wir über die große Ebene kamen?« Finju lächelte. »Diese Geschichte mußt du mir nicht erzählen, Arne. Aber es wird deine beste sein.«

Kurt Baumann

Der Tanz des Räubers Horrificus

Gegen Abend nach der ersten Rast wollte Josef mit den Seinen wieder weiterziehen. Er nahm aber den Esel und ritt voraus hinter einen Hügel, um den Weg zu erkunden. »Es kann doch nicht mehr weit sein bis Ägypten«, dachte er.

Indessen blieb die Muttergottes mit dem Kinde auf dem Schoß allein unter der Staude sitzen, und da geschah es, daß ein gewisser Horrificus des Weges kam, weithin bekannt als der furchtbarste Räuber in der ganzen Wüste. Das Gras legte sich flach vor ihm auf den Boden, die Palmen zitterten und warfen ihm gleich ihre Datteln in den Hut, und noch der stärkste Löwe zog den Schweif ein, wenn er die roten Hosen des Räubers von weitem sah. Sieben Dolche steckten in seinem Gürtel, jeder so scharf, daß er den Wind damit zerschneiden konnte, an seiner Linken baumelte ein Säbel, genannt der krumme Tod, und auf der Schulter trug er eine Keule, die war mit Skorpionschwänzen gespickt.

»Ha!« schrie der Räuber und riß das Schwert aus der Scheide.

»Guten Abend«, sagte die Mutter Maria. »Sei nicht so laut, er schläft!«

Dem Fürchterlichen verschlug es den Atem bei dieser Anrede, er holte aus und köpfte eine Distel mit dem krummen Tod.

»Ich bin der Räuber Horrificus«, lispelte er, »ich habe tausend Menschen umgebracht . . .«

»Gott verzeihe dir!« sagte Maria.

»Laß mich ausreden«, flüsterte der Räuber, – »und kleine Kinder wie deines brate ich am Spieß!«

»Schlimm«, sagte Maria. »Aber noch schlimmer, daß du lügst!«

Hierbei kicherte etwas im Gebüsch, und der Räuber sprang in die Luft vor Entsetzen, noch nie hatte jemand in seiner Nähe zu lachen gewagt. Es kicherten aber nur die kleinen Engel, im ersten Schreck waren sie alle davongestoben, und nun saßen sie wieder in den Zweigen.

»Fürchtet ihr mich etwa nicht?« fragte der Räuber kleinlaut.

»Ach, Bruder Horrificus«, sagte Maria, »was bist du für ein lustiger Mann!«

Das drang dem Räuber lind ins Herz, denn, die Wahrheit zu sagen, dieses Herz war weich wie Wachs. Als er noch in den Windeln lag, kamen schon die Leute gelaufen und entsetzten sich, »wehe uns«, sagten sie, »sieht er nicht wie ein Räuber aus?« Später kam niemand mehr, sondern jedermann lief davon und warf alles hinter sich, und Horrificus lebte gar nicht schlecht dabei, obwohl er kein Blut sehen und kaum ein Huhn am Spieß braten konnte.

Darum tat es nun dem Fürchterlichen in der Seele wohl, daß er endlich jemand gefunden hatte, der ihn nicht fürchtete.

»Ich möchte deinem Knaben etwas schenken«, sagte der

Räuber, »nur habe ich leider nichts als lauter gestohlenes Zeug in der Tasche. Aber wenn es dir gefällt, dann will ich vor ihm tanzen!«

Und es tanzte der Räuber Horrificus vor dem Kinde, und kein lebendes Wesen hatte je dergleichen gesehen. Den krummen Tod hob er über sich gleich der silbernen Sichel des Mondes, die Beine schwang er unterhalb mit der Anmut einer Antilope und so geschwind, daß man sie nicht mehr zählen konnte. Er schleuderte alle sieben Dolche in die Luft und sprang durch den zerschnittenen Wind, gleich einer Feuerzunge wirbelte er wieder herab. So gewaltig und kunstvoll tanzte der Räuber, so überaus prächtig war er anzusehen mit seinen Ohrringen und dem gestickten Gürtel und den Federn auf dem Hut, daß sogar die Jungfrau Maria ein wenig Glanz in die Augen bekam. Auch die Tiere der Wüste schlichen herbei, die königliche Uräusschlange und die Springmaus und der Schakal, alle stellten sich im Kreise auf und klopften mit ihren Schwänzen den Takt in den Sand.

Schließlich sank der Räuber erschöpft zu Füßen Marias nieder, und da schlief er auch gleich ein. Josef war längst weitergezogen, als er endlich wieder aufwachte und benommen seines Weges ging. Alsbald merkte er auch, daß ihn niemand mehr fürchtete. »Er hat ja ein weiches Herz!« erzählte die Springmaus überall. »Vor dem Kinde hat er getanzt«, zischte die Schlange.

Horrificus blieb in der Wüste, er legte seinen fürchterlichen Namen ab und wurde ein mächtiger Heiliger im Alter, es soll verschwiegen bleiben, wie er im Kalender heißt.

Wenn aber einer von euch etwas zu verbergen hätte und nur sein Herz wäre weich geblieben, so mag er getrost sein.

Gott wird ihm dereinst verzeihen um des Kindes willen, wie dem großen Räuber Horrificus.

Karl Heinrich Waggerl

Der kleine Weihnachtsesel

Es war einmal ein sehr unartiger kleiner Esel. Es gefiel ihm, unartig zu sein. Wenn ihm etwas auf den Rücken gepackt wurde, warf er es ab, und er lief den Leuten nach, weil er sie beißen wollte. Sein Herr konnte nichts mit ihm anfangen, so verkaufte er ihn einem andern, der auch nicht mit dem Esel fertig wurde und ihn weiterverkaufte, und schließlich wurde er für ein paar Groschen an einen bösen alten Mann verkauft, der alte, abgearbeitete Esel erstand und sie durch Überanstrengung und schlechte Behandlung umbrachte. Aber der unartige Esel jagte den Alten und biß ihn, und dann rannte er weg.

Er wollte sich nicht wieder einfangen lassen, deshalb gesellte er sich zu einer Karawane, die des Weges zog. Niemand wird wissen, wem ich in diesem Haufen gehöre, dachte der Esel.

Alle diese Leute waren zur Stadt Bethlehem unterwegs, und als sie dort anlangten, begaben sie sich zu einer großen Herberge voller Menschen und Tiere. Das Eselchen schlüpfte in einen kühlen Stall, wo ein Ochse und ein Kamel waren. Das Kamel war sehr hochmütig wie alle Kamele, denn

Kamele glauben, sie allein kennen die vielen geheimen Namen Gottes. Da es zu stolz war, um mit dem Esel zu sprechen, begann der Esel zu prahlen. Er prahlte gern.

»Ich bin ein sehr ungewöhnlicher Esel«, sagte er. »Ich kann voraussehen und hinterhersehen.«

»Was heißt das?« fragte der Ochse.

»Wie meine Vorderbeine – vorn – und meine Hinterbeine – hinten. O ja, meine Urur-siebenunddreißigmal-Ururgroß-mutter gehörte dem Propheten Bileam, und er sah mit eigenen Augen den Engel des Herrn!«

Aber der Ochse kaute weiter, und das Kamel blieb stolz.

Dann kamen ein Mann und eine Frau herein, und es gab viel Aufregung. Doch der Esel fand bald heraus, daß sich das ganze Aufhebens nicht lohnte, die Frau gebar bloß ein Kind, und das geschieht jeden Tag. Nach der Geburt des Kindes erschienen einige Hirten und taten sich viel zugute auf das Kind – aber Hirten sind ja sehr einfache Menschen.

Dann aber kamen Männer in langen, reichgeschmückten Gewändern.

»Sehr bedeutende Persönlichkeiten«, zischte das Kamel.

»Wieso?« fragte der Esel.

»Sie bringen Geschenke«, sagte das Kamel.

Da der Esel annahm, Geschenke wären etwas Gutes zu essen, schnüffelte er, als es dunkel war, eifrig herum. Aber das erste Geschenk war gelb und hart, das zweite brachte den Esel zum Niesen, und als er am dritten leckte, schmeck-te es abscheulich und bitter.

Was für dumme Geschenke, dachte der Esel enttäuscht.

Als er aber so bei der Krippe stand, streckte das Kind sein Händchen aus, griff nach dem Ohr des Esels und hielt es fest.

Und da geschah etwas sehr Seltsames. Der Esel wollte nicht mehr unartig sein. Zum erstenmal in seinem Leben wollte er gut sein. Und er wollte dem Kind etwas schenken – doch er hatte nichts zu geben. Das Kind schien an seinem Ohr Freude zu haben, aber das Ohr war ja ein Teil von ihm . . . und dann kam ihm noch ein merkwürdiger Gedanke. Vielleicht konnte er sich selbst dem Kind schenken . . .

Kurz darauf kam Joseph mit einem großgewachsenen Fremden in den Stall. Der Fremde sprach eindringlich auf Joseph ein, und als der Esel die beiden betrachtete, traute er kaum seinen Augen. Der Fremde schien sich aufzulösen, und an seiner Stelle stand ein Engel des Herrn, eine goldene Gestalt mit Flügeln. Doch gleich darauf verwandelte sich der Engel wieder in einen gewöhnlichen Menschen.

Du meine Güte, ich habe Gesichte, sagte sich der Esel, das Futter muß schuld daran sein.

Joseph sprach mit Maria.

»Wir müssen mit dem Kind fliehen. Wir dürfen keine Zeit verlieren.« Sein Blick fiel auf den Esel.

»Wir wollen den Esel hier mitnehmen und für seinen unbekannten Besitzer Geld zurücklassen. Auf diese Weise verlieren wir keine Zeit.«

So begaben sie sich hinaus auf den Weg, der aus Bethlehem fortführte. Doch als sie an einen engen Ort gelangten, erschien der Engel des Herrn mit flammendem Schwert, und der Esel bog vom Wege ab und erkletterte einen Berghang.

Joseph wollte ihn zum Weg zurücklenken, aber Maria sagte: »Laß ihn. Denk an den Propheten Bileam.«

Gerade als sie den Schutz einiger Ölbäume erreichten,

stampften und klirrten die Kriegsknechte des Königs Herodes mit gezogenen Schwertern den Weg entlang.

Genau wie bei meiner Urahne, dachte der Esel sehr zufrieden mit sich selbst. Es nimmt mich wunder, ob ich auch voraussehen kann.

Er zwinkerte mit den Augen, und da sah er ein undeutliches Bild – einen Esel, der in einen Brunnen gefallen war, und einen Mann, der ihn herauszog . . .

Das ist ja mein Herr, zum Mann herangewachsen, dachte der Esel.

Dann gewahrte er ein anderes Bild – derselbe Mann ritt auf einem Esel in eine Stadt . . .

Natürlich, sagte sich der Esel, der soll zum König gekrönt werden!

Aber die Krone schien nicht aus Gold zu sein, sondern aus Dornen. Der Esel liebte Dornen und Disteln, doch für eine Krone mochten sie nicht das richtige sein. Und er nahm einen Geruch wahr, den er kannte und fürchtete – Blutgeruch, und da war etwas an einem Schwamm, bitter wie die Myrrhe, die er im Stall gekostet hatte.

Da erkannte der Esel plötzlich, daß er nicht mehr voraussehen mochte. Er wollte nur dem Tag leben, wollte seinen kleinen Herrn lieben und von ihm geliebt werden, wollte ihn und seine Mutter sicher nach Ägypten tragen.

Agatha Christie

Quellenverzeichnis

PAUL MAAR, *Der doppelte Weihnachtsmann,* aus: Bruno Horst Bull (Hrsg.), »Wir freuen uns auf Weihnachten«, Don Bosco Verlag, München, © Paul Maar, Bamberg

ROSWITHA FRÖHLICH, *Wie Joschi zu seinem Meerschweinchen kam,* aus: Angelika Lebendig (Hrsg.), »Nur noch 24 Tage bis Weihnachten«, Sanssoucie Verlag 1984, © Verlags AG Die Arche, Zürich

TILDE MICHELS, *Als die Großmutter mit dem Nikolaus sprach,* aus: »Wenn Weihnachten kommt« Verlag Friedrich Oetinger, Hamburg, © Tilde Michels, München

ALFONS SCHWEIGGERT, *Die Geschichte vom beschenkten Nikolaus,* aus: Alfons Schweiggert, »Geschichtenbuch«, © Georg Lentz Verlag in der F.A. Herbig Verlagsbuchhandlung, München

LUDWIG ASKENAZY, *Der lebendige Weihnachtsbaum,* aus: Ludwig Askenazy/ Helme Heine, »Du bist einmalig«, © 1981 Gertraud Middelhauve Verlag GmbH & Co.KG, Köln und Zürich

REGINE SCHINDLER, *Der kleinste Tannenbaum,* aus: Regine Schindler, »Auf der Straße nach Weihnachten«, © 1976 Verlag Ernst Kaufmann, Lahr

HEINRICH MARIA DENNEBORG, *Weihnachten in Santo Amarò,* aus: Barbara Bartos-Höppner, »Weihnachtsgeschichten unserer Zeit«, © 1971 Arena Verlag GmbH, Würzburg

Ein Kind wird geboren, aus: Gert Otto, »Die Bibel der Kinder«, © Gert Otto, Mainz

JOSEF LADA, *Das Märchen von der Geburt des Christkindes,* aus: Josef Lada, »Kater Mikesch, neue Geschichten vom Kater, der sprechen konnte«, © Verlag Sauerländer, Aarau/Frankfurt

KARL HEINRICH WAGGERL, *Worüber das Christkind lächeln mußte,* aus: »Und es begab sich . . .«, © 1986 (44. Auflage) Otto Müller Verlag, Salzburg

CHARLES TAZEWELL, *Das Weihnachtsgeschenk des kleinen Engel,* aus: Paula Frank (Hrsg.), »Weihnacht der Kinder«, © 1963 Bonifatius GmbH Druck-Buch-Verlag, Paderborn

RENATE SCHUPP, *Der Engel mit dem Gipsarm*, aus: » . . . denn euch ist heute der Heiland geboren«, © 1987 Verlag Ernst Kaufmann, Lahr

HANS BAUMANN, *Der Teufel an der Krippe,* aus: Marion Poncracz (Hrsg.), »Das große Weihnachtsbuch für Kinder«, Annette Betz Verlag, Wien-München, © Elisabeth Baumann

JOAN O'DONOVAN, *Kleines braunes Jesuskind,* aus: Nina Lendersdorff (Hrsg.), »Wo arm geborn auf Erden«, Verlag der ev.-luth. Mission, Erlangen, © Elisabeth Schnack, Zürich

GINA RUCK-PAUQUET, *Traumbescherung,* aus: »Jedes Jahr ist Weihnachten«, Ravensburger Buchverlag Otto Maier GmbH, Ravensburg, © Gina Ruck-Pauquet, Bad Tölz

JAMES KRÜSS, *Schildkrötengeschichte,* aus: »Weihnachten auf den Hummerklippen«, Verlag Friedrich Oetinger, Hamburg, © James Krüss, Gilching

TILDE MICHELS, *Der Kahlkopf,* aus: Tilde Michels, »Das alles ist Weihnachten«, © 1974 Deutscher Taschenbuch Verlag, München

MARGRET RETTICH, *Die Geschichte vom Weihnachtsbraten,* aus: Margret Rettich, »Wirklich wahre Weihnachtsgeschichten«, © 1976 Annette Betz Verlag, Wien-München

WERNER WOLLENBERGER, *Janine feiert Weihnachten,* aus: G. Mielitz, »Sei uns willkommen, schöner Stern«, © 1984 Verlag Ernst Kaufmann, Lahr

ERWIN MOSER, *Die Weihnachtsmäuse,* aus: Marion Pongracz (Hrsg.), »Das große Weihnachtsbuch für Kinder«, © 1986 Annette Betz Verlag, Wien-München

EVA RECHLIN, *Es kommt ein Gast (Originaltitel: Der Besuch),* aus: Eva Rechlin, »Träumereien und Schnurrpfeifereien«, © 1988 Patmos Verlag, Düsseldorf

GUDRUN PAUSEWANG, *Was weh tut,* aus: Gudrun Pausewang, »Frieden kommt nicht von allein«, © 1982 Ravensburger Buchverlag Otto Maier GmbH, Ravensburg

Rudolf Otto Wiemer, *Der kleine Engel aus Goldpapier*, aus: Rudolf Otto Wiemer, »Es müssen nicht Männer mit Flügeln sein«, © Quell Verlag, Stuttgart

David Henry Wilson, *Der Mann im braunen Mantel*, aus: David Henry Wilson, »Wenn Schweine Flügel hätten«, © 1979 Verlag Friedrich Oetinger, Hamburg

Marina Thudichum, *Die Geschichte vom kleinen Mohren und vom weißen Pferd*, aus: Marina Thudichum (Hrsg.), »Weihnachten für alle«, © 1988 Verlag Ludwig Auer, Donauwörth

Otfried Preussler, *Die Krone des Mohrenkönigs*, aus: Otfried Preußler, »Der Engel mit der Pudelmütze«, © 1985 K. Thienemanns Verlag, Stuttgart-Wien

Kurt Baumann, *Drei Könige,* aus: Kurt Baumann, »Drei Könige«, © 1990 Nord-Süd Verlag AG, Gossau Zürich und Hamburg

Karl Heinrich Waggerl, *Der Tanz des Räubers Horrificus,* aus: »Und es begab sich . . .«, © 1986 (44. Auflage) Otto Müller Verlag, Salzburg

Agatha Christie, *Der kleine Weihnachtsesel*, aus: Angelika Lebendig (Hrsg.), »Nur noch 24 Tage bis Weihnachten«, Sanssoucie Verlag 1984, © Verlags AG Die Arche, Zürich

Wir danken den jeweiligen Autoren und Verlagen für die freundliche Genehmigung zum Abdruck vorstehender Beiträge. Sollten in unserem Weihnachtsbuch Werke von noch geschützten Autoren aufgenommen worden sein, deren Quellen hier nicht angeführt sind, so konnten diese trotz intensiven Nachforschens des Verlages nicht ermittelt werden. Wir bitten die Besitzer solcher Rechte, sich mit uns in Verbindung zu setzen.

WILLI FÄHRMANN

Willi Fährmann erzählt diese Weihnachtsgeschichte in seiner unnachahmlichen Weise; dazu schuf Jindra Capek eindrucksvolle Farbbilder von magischer Intensität.
80 Seiten. Durchgehend farbig illustriert. Ab 8

Roter König – weißer Stern
Jeder kennt wohl die Geschichte von den drei Weisen aus dem Morgenland, die, von einem Stern gewiesen, nach Bethlehem zogen, um dort dem neugeborenen König in der Krippe ihre Geschenke zu überbringen. Wer aber kennt die Geschichte von Silbermond, dem Indianerhäuptling aus dem fernen Amerika, der sich ebenfalls aufmachte und über Berge und Meere hinweg dem am Himmel erstrahlenden Stern folgte?

Arena